U0960130

中小学信息科技教育创新与实践

曲立超　著

天津大学出版社
TIANJIN UNIVERSITY PRESS

图书在版编目（CIP）数据

中小学信息科技教育创新与实践 / 曲立超著. 天津 ：天津大学出版社，2024. 6. -- ISBN 978-7-5618-7765-4

Ⅰ. G633.672

中国国家版本馆CIP数据核字第2024EE0246号

出版发行	天津大学出版社
地　　址	天津市卫津路92号天津大学内（邮编:300072）
电　　话	发行部:022-27403647
网　　址	www.tjupress.com.cn
印　　刷	运河（唐山）印务有限公司
经　　销	全国各地新华书店
开　　本	710mm×1010mm　1/16
印　　张	14.5
字　　数	300千
版　　次	2024年6月第1版
印　　次	2024年6月第1次
定　　价	56.00元

前　言

在数字化、信息化的时代背景下，信息科技教育已成为中小学教育体系中不可或缺的一部分。本书旨在深入探讨我国当前中小学信息科技教育的现状，分析其面临的挑战，并提出一系列创新与实践的策略和方法。

在引言部分，我们详细剖析了我国中小学信息科技教育的现状，包括课程的普及程度、师资状况、课程内容与教学方法，以及学生的认知与兴趣。通过对这些方面的深入了解，我们发现，尽管信息科技教育已取得了一定的进步，但仍存在诸多亟待改进之处。同时，我们也认识到，在新时代背景下，信息科技教育不仅关乎学生的未来竞争力，更是培养他们创新思维和适应数字社会能力的关键。

在理论发展篇中，我们探讨了信息科技教育理念的革新与发展，界定了信息科技素养的内涵，并提出了培养路径。此外，我们还对信息科技课程体系的构建及内容更新进行了深入研究，旨在构建一个符合国家课程标准、层次分明、模块化的课程体系。同时，我们也关注到教育资源的整合与优化，力求提升教育资源的利用效率。

在教学实践篇中，我们展示了一系列创新型信息科技课程设计与实施案例，包括小学阶段的信息科技启蒙教育、中学阶段的编程思维与人工智能教育，以及跨学科融合的信息科技教学模式。此外，我们还探讨了教学方法与手段的创新应用，如“做中学”、项目式学习，以及利用新兴技术提升教学效果等。同时，我们也对信息科技教育评价体系的改革与实践进行了深入探讨，力求建立一个多元化、智能化的评价体系。

我们还特别关注了学校、家庭与社会在协同推进信息科技教育中的重要作用。家庭是孩子的第一个教育场所，家长在引导孩子正确使用信息技术、培养孩子信息素养方面扮演着关键角色。学校与社区资源的联动，则能为孩子提供更广阔的学习空间和实践机会。同时，我们也呼吁政府、企业等社会力量共同参与构建信息科技教育公共服务体系，为孩子们创造更好的学习环境。

展望未来，我们对信息科技教育的发展趋势进行了前瞻性分析，预测了新技术对教育产生的影响及未来可能的发展趋势。结合国家战略需求，我们提出了中小学信息科技教育创新的长期规划，并描绘了未来我国中小学信息科技教育的愿景和目标。

在结语部分，我们对当前工作进行了反思与总结，提炼了实践经验教训，并为未来工作提出了具体建议和期待。我们坚信，通过不断创新与实践，我国中小学信息科技教育将迎来更加美好的明天。

本书旨在为教育工作者、政策制定者、家长以及所有关心教育事业的人士提供有益的参考和启示。我们期待与您共同探讨和推动中小学信息科技教育的创新与发展。

著者

2024 年 6 月

目 录

1 引言 …… 1
1.1 当前我国中小学信息科技教育现状分析 …… 1
1.2 信息科技教育在新时代背景下的重要性与挑战 …… 23
1.3 创新中小学信息科技教育的理论依据与目标定位 …… 30
2 信息科技教育的理论发展 …… 38
2.1 信息科技教育理念的革新与发展 …… 38
2.2 信息科技素养的内涵与培养路径 …… 49
2.3 信息科技课程体系构建及内容更新研究 …… 62
2.4 信息科技教育资源整合与优化策略 …… 72
3 中小学信息科技教育的教学实践 …… 82
3.1 创新型信息科技课程设计与实施案例 …… 82
3.2 教学方法与手段的创新应用 …… 109
3.3 信息科技教育评价体系改革与实践 …… 126
4 学校、家庭与社会协同推进信息科技教育 …… 144
4.1 家庭在信息科技教育中的角色与作用 …… 144
4.2 学校与社区资源联动推动信息科技教育 …… 162
4.3 社会力量参与下的信息科技教育公共服务体系构建 …… 172

5 展望未来 …… 184
5.1 信息科技教育发展趋势前瞻 …… 184
5.2 我国中小学信息科技教育创新的长期规划与愿景 …… 197
6 结语 …… 210
6.1 对当前工作的反思与总结 …… 210
6.2 对未来工作的建议与期待 …… 216
参考文献 …… 225

1 引言

1.1 当前我国中小学信息科技教育现状分析

中小学信息科技教育是指在中小学阶段，通过系统的教学计划和实践活动，向学生传授信息技术的基本知识和技能，同时培养他们的信息化思维方式和解决问题能力的教育过程。这种教育旨在让学生掌握如何有效地利用计算机和相关信息技术工具，提高他们在信息化社会中的适应能力和竞争力。中小学信息科技教育不仅关注技术的操作与应用，还注重学生信息素养的全面提升，包括信息识别、获取、处理、传递和创新的能力，以及信息安全和道德规范的培养。它是当代教育体系中不可或缺的一部分，对于培养学生的综合素质和未来发展具有重要意义。

1.1.1 中小学信息科技教育的普及程度

随着信息技术的飞速发展和全球数字化转型的加速，信息科技教育已成为我国基础教育体系不可或缺的一部分，其普及程度与日俱增。根据

《中国教育现代化 2035》《新一代人工智能发展规划》等国家政策文件精神，我国高度重视信息科技教育的普及与深化，致力于培养具有信息素养的新时代人才。近年来，随着国家教育政策和法规的不断完善，以及教育投入的持续增加，中小学信息科技课程的开设情况取得了显著进步。

从课程覆盖率来看，教育部最新发布的数据显示，截至 2023 年，全国中小学信息科技课程的普及与发展取得了显著成就。在小学阶段，信息科技教育已实现广泛覆盖，接近 100%的小学将信息技术或计算机基础课程纳入教学体系，作为提升学生信息素养和基本技能的关键环节。进入中学教育阶段，信息技术课程不仅成为标配，而且其地位不断提升，与传统核心科目如语文、数学、英语等并驾齐驱，成为中学生必修的一部分。

在设施设备配置方面，随着国家对教育信息化战略的深入实施和持续投资，全国中小学的教育技术设施得到了显著升级。目前，绝大多数中小学已建立起符合国家标准的计算机教室，确保每位学生有足够机会接触和学习信息技术。此外，多媒体教室和网络教室的普及率也大幅提高，利用现代化教学设备支持互动式和多媒体教学，极大地丰富了课堂体验。部分领先学校更进一步，引入了智能教学系统、云计算服务以及多样化的在线教育资源平台，这些高科技教学工具不仅优化了教学方法，还拓宽了学生的学习视野，为培养未来所需的数字技能奠定了坚实基础。中国中小学信息科技教育在课程普及与硬件设施建设上均取得了长足进步，体现了国家对提升全民信息素养和推动教育现代化的坚定承诺。

当然，这种普及程度的提升并非一蹴而就，而是得益于国家教育政策和法规的明确要求以及持续的教育投入。近年来，国家先后出台了《教育信息化十年发展规划（2011—2020 年）》《教育信息化 2.0 行动计划》等一系列重要文件，明确提出了加快推进教育信息化的目标和任务。在这些政策的推动下，各级政府和教育部门纷纷加大了对中小学信息科技教育的投入力度，推动了信息科技课程的广泛开设和设施设备的全面升级。

同时，我们也应该看到，虽然中小学信息科技教育的普及程度已经取得了显著的提升，但仍然存在一些问题和挑战。比如，一些偏远地区和农村学校的设施设备仍然相对落后，无法满足高质量的信息科技教学需求；另外，一些学校虽然配备了先进的硬件设施，但由于缺乏专业的教师资源和科学的教学管理，导致这些设备并没有得到充分的利用。

因此，在肯定中小学信息科技教育普及程度取得显著进步的同时，我们还需要持续关注并解决存在的问题和挑战。这需要政府、学校、社会等多方面的共同努力和协作，以推动我国中小学信息科技教育的全面、均衡、高质量发展。

为了更深入地了解当前我国中小学信息科技教育的普及程度，我们还可以从以下 6 个方面进行详细的分析。

1. 地区差异与城乡差距

尽管信息科技课程在全国范围内已经有了广泛的覆盖，但我们必须正视的是，地区差异与城乡差距在信息科技教育领域仍然显著存在。这些差距不仅仅是数字上的统计，更体现在教育资源的实际分配和教学质量上。

在我国广袤的土地上，地区发展不平衡是一个长期存在的问题。东部沿海地区，得益于改革开放的春风和地理位置的优势，经济发展迅速，这也直接推动了教育领域的投入与建设。特别是在信息科技教育方面，这些地区的学校往往能够投入更多的资金，不仅配备了最先进的计算机设备、交互式白板等高端教学工具，还拥有专业的教师团队，能够提供与国际接轨的教学内容。在这样的环境下，学生的信息科技素养自然得到了极大的提升。

然而，当我们把目光转向中西部地区和广大的农村地区，情况则大相径庭。受到历史、地理和经济等多重因素的制约，这些地区的教育资源相对匮乏。尤其是在信息科技领域，很多学校可能连最基本的计算机教室都难以配备，更别提先进的教学设备和专业的教师了。在一些偏远的山区学校，甚至还存在用电和网络接入问题，这无疑给信息科技教育的普及和提高带来了巨大的挑战。

幸运的是，我们的国家已经意识到了这一问题，并正在积极采取措施加以解决。通过实施“校校通”工程，我们努力让每一所学校都能接入互联网，享受到网络带来的教育资源。而“农村中小学现代远程教育工程”更是为农村地区的学校送去了先进的信息化教学设备和丰富的教学资源。这些政策的实施，不仅让农村孩子有机会接触到更多的知识，也为他们打开了一扇通向外面世界的窗户。

此外，城市优质学校与农村学校之间的“手拉手”活动，更是促进了教育资源的共享和均衡。通过这种形式，农村学校可以借鉴城市学校的先进教学经验，提升自身的信息科技教学水平。同时，城市学校的教师和学生也能通过这一活动，更加深入地了解农村地区的教育现状和需求，从而进一步增强教育的针对性和实效性。

2. 学校类型与特色

不同类型的学校在信息科技教育的普及与实施上也展现出各自的差异。公立学校，作为国家教育体系的重要组成部分，通常能够获得政府的大力支持。这种支持不仅体现在资金投入上，还包括教学资源的配置、师资力量的培养以及教育政策的倾斜。因此，公立学校在信息科技教育的普及程度和教学质量上，普遍展现出较高的水平。它们往往能够配备齐全的信息技术设备，如计算机教室、多媒体教室等，并为学生提供系统的信息技术课程。

与此同时，一些私立学校或国际学校则凭借其资金和资源上的优势，在信息科技教育方面展现出更多的创新和特色。这些学校通常拥有更大的自主权，能够根据自身的教学理念和学生的需求，灵活地设计和实施信息科技教育课程。它们可能会引入更多的国际化教学资源，或者与科技企业进行合作，为学生提供更前沿、更实用的信息技术知识和技能训练。

值得一提的是，还有一些以科技为特色的学校，如科技中学、科技小学等，它们在信息科技教育方面的表现尤为突出。这些学校通常拥有丰富的教学经验和优秀的师资队伍，其中不乏在信息技术领域有深入研究和丰富实践经验的教师。在这样的学校中，信息科技教育不仅是一门课程，更是一种校园文化和教育理念。学校会为学生提供更多元化、更高质量的信息科技教育，包括组织各类科技竞赛、开设拓展课程、进行科研实践等，以培养学生的创新思维和实践能力。

总的来说，不同类型的学校在信息科技教育方面各有千秋。公立学校凭借政府的支持，能够提供系统、全面的信息技术教育；而私立学校和国际学校则通过创新和特色，为学生提供更多元化的学习体验；科技特色学校则以其专业性和高水平的教学质量，培养出更多具备科技创新能力的优秀人才。

3. 教育投入与资源配置

教育投入和资源配置无疑是影响中小学信息科技教育普及程度的两大核心要素。近年来，随着我国对教育信息化的深刻认识和持续推进，各级政府在信息科技教育领域的经费投入呈现出稳步增长的态势。这些经费不仅为学校注入了新的活力，也成了推动信息科技教育发展的强大动力。

具体而言，这些经费的注入使得学校得以大幅改善其硬件设施，如更新换代的计算机设备、高速稳定的网络环境以及多功能的教学辅助工具等。这些先进的设施设备为学生提供了更加便捷、高效的学习条件，同时也为教师教学方式的创新提供了可能。

除了硬件设施的升级，经费还支持了教师队伍的专业成长。通过定期的教师培训、学术交流以及引进外部专家进行指导，教师们在信息技术应用、课程设计以及教学方法等方面都得到了显著的提升。这种专业素养的提高不仅增强了教师的教学能力，也让他们能够更好地适应信息化时代的教育需求。

此外，经费还被用于开发和引进一系列优质的教学资源。这些资源包括互动性强、内容丰富的电子教材，以及各类在线学习平台和模拟软件等。这些资源的引入极大地丰富了学生的学习体验，也使得教学更加生动有趣。

然而，在资源日益丰富的同时，如何确保其合理分配和有效利用成了一个亟待解决的问题。现实中，一些学校可能由于缺乏科学的规划和管理，导致资源配置出现偏差，如某些设备过度闲置，而另一些则供不应求。此外，部分学校在教学资源的整合和利用上也存在不足，使得优质资源未能充分发挥其应有的效用。

针对这些问题，教育部门需要发挥更加积极的监管和引导作用。一方面，通过制定更加科学合理的资源配置标准和使用规范，确保每一分投入都能产生最大的教育效益；另一方面，加强对学校资源配置和使用情况的定期检查与评估，及时发现并纠正存在的问题，从而推动中小学信息科技教育的全面、协调和可持续发展。只有这样，我们才能确保宝贵的教育资源能够真正用在刀刃上，为提升中小学信息科技教育的整体质量和效益奠定坚实的基础。

4. 信息化教学环境构建

随着信息科技教育的深入普及，信息化教学环境的构建越来越受到教育界的重视。众多学校已经不再满足于仅仅为学生提供基本的计算机设备，而是致力于打造一个充满创新与科技氛围的教学环境。

其中，智慧教室和创客空间等创新型教学环境的出现，正是这一变革的生动体现。这些教学环境不仅装备了先进的技术设施，更在教学模式和学习方式上进行了颠覆性的创新。

以智慧教室为例，这里配备了交互式电子白板、智能终端等高科技教学设备。学生可以通过这些设备与教师进行实时互动，提问、讨论、分享，这种即时反馈的教学模式大大提高了学习效率。同时，教师还可以利用这些设备展示丰富的教学资源，使课堂内容更加生动有趣。

创客空间则是另一个值得关注的创新型教学环境。这里为学生提供了一个自由创造、实践探索的平台。学生可以在这里进行各种科技创新项目，从设计到制作，再到测试与改进，全程参与，充分体验创新的乐趣。创客空间不仅培养了学生的动手能力和创新思维，还通过团队协作的方式，加强了学生的沟通与协作能力。

这些信息化教学环境的构建，不仅为学生提供了先进的技术支持，更重要的是为他们创造了自主学习、探究学习和协作学习的机会。在这样的教学环境中，学生的学习变得更加主动、有趣和高效，教育信息化的优势得到了充分发挥。

5. 数字化教学资源的应用

随着信息科技教育的日益普及，数字化教学资源已经在教学领域中占据了举足轻重的地位。众多学校积极响应这一趋势，通过精心建设数字化教学资源库，对各类优质教学资源进行了全面整合。

这些资源库宛如一个知识的宝库，其中包含了形形色色的电子教材，它们以多媒体的形式，将枯燥的理论知识转化为生动有趣的互动内容。教学视频则是另一大亮点，它们通常由资深教师精心录制，详细解读了各个学科的重点和难点，使学生在课后也能得到有针对性的辅导。此外，在线测试系统更是为学生提供了一个自我检测的平台，学生可以随时随地进行知识点的巩固和提升，从而及时调整学习策略。

数字化教学资源的应用，无疑为教学带来了前所未有的便利。教师们可以更加灵活地运用这些资源，设计出更具吸引力和实效性的教学活动。对学生而言，这些资源如同一把把钥匙，为他们打开了通往知识殿堂的大门。学生们可以根据自身的学习需求和兴趣，自主选择学习内容，从而极大地提升了学习的积极性和自主性。

更为重要的是，数字化教学资源还为学生们带来了全新的学习体验。通过多媒体的呈现方式，抽象复杂的知识变得更加直观易懂，学生们在轻松愉快的氛围中完成了学习任务，同时也培养了他们的创新思维和实践能力。

综上所述，数字化教学资源在中小学信息科技教育中的广泛应用，不仅极大地丰富了教学手段，还为提升学生的学习兴趣和效果奠定了坚实的基础。

6. 家校合作与信息共享

信息科技教育的广泛普及，不仅改变了传统的教学模式，还为家校之间的合作与信息共享提供了前所未有的便利。如今，通过学校官方网站、教育云平台等高科技渠道，家长能够更加便捷地了解到孩子在校的详细学习情况。

学校官方网站往往设有专门的家校互动区域，家长可以随时登录查看孩子的作业完成情况、考试成绩、课堂表现等，甚至可以观看到孩子在课堂上的实时视频，从而更加直观地了解孩子的学习环境和学习状态。这种透明化的信息交流方式，大大增强了家长对孩子学习生活的了解，也使得教育过程变得更加开放和民主。

同时，教育云平台则为家长和教师之间的实时沟通提供了强大的支持。家长可以通过云平台上的即时通信工具，随时与教师进行交流，询问孩子的学习状况，讨论教育方法，共同解决孩子在学习过程中遇到的问题。这种即时的沟通和反馈机制，让家校之间的合作变得更加紧密和高效。

此外，学校还充分利用这些平台发布最新的教育资讯，让家长能够第一时间了解到教育政策、学校活动、课程改革等信息。学校还会定期在教育云平台上分享教育经验、教育理念以及育儿知识，帮助家长提升育儿能力，形成良好的家庭教育氛围。

可以说，信息科技教育的普及不仅推动了教学方式的革新，更在家校合作与信息共享方面发挥了巨大的作用。通过这些高科技手段，家校之间的距离被拉近了，合作变得更加紧密了，共同为孩子的成长创造了一个更加和谐、高效的教育环境。

尽管中小学信息科技教育的普及程度已经取得了显著进步，但我们仍需面对一些挑战。首先，随着技术的不断更新换代，学校需要持续投入以更新设备和软件，保持与技术发展的同步。其次，教师需要不断提升自身的信息素养和教学能力，以适应新的教学环境和需求。最后，如何有效地整合和利用各种教学资源，提高教学质量，也是未来需要关注的问题。

综上所述，当前我国中小学信息科技教育的普及程度已经取得了显著的进步，但仍然存在一些问题和挑战。为了推动中小学信息科技教育的全面、均衡、高质量发展，需要政府、学校、社会等多方面的共同努力和协作。通过加大教育投入、优化资源配置、加强师资队伍建设、创新教学方法等手段，不断提升中小学信息科技教育的质量和水平，为培养具备信息素养和创新能力的新时代人才奠定坚实的基础。

1.1.2 中小学信息科技教育的师资状况

随着我国信息科技教育的不断推进，师资状况成为制约其进一步发展的关键因素。本部分将深入分析我国中小学信息科技教师的数量、资质和专业发展需求，以期为解决师资问题提供参考。

1. 信息科技教师数量现状

近年来，随着信息技术的迅猛发展和国家对信息科技教育的日益重视，中小学对信息科技教师的需求日益凸显。确实，中小学信息科技教师的数量在近年来有了一定程度的增长，这得益于国家政策对信息科技教育的扶持和各级教育部门的努力。然而，尽管有所增长，但与我国庞大的学生群体以及社会、学校、家庭对信息科技教育的殷切期望和不断增长的需求相比，现有的教师数量仍然显得捉襟见肘。

国家教育部门和相关研究机构的最新统计数据，我国中小学信息科技教师的整体配备比例仍然偏低，这一比例在一些欠发达、偏远地区和农村地区尤为明显。在这些地方，由于地理位置偏远、经济条件相对落后以及教育资源分配的不均衡，导致信息科技教师的招聘和留任都面临巨大的挑战。

教师数量的严重不足，带来了一系列连锁反应。最直接的影响就是部分学校的信息科技课程难以得到有效和高质量地开展。有的学校甚至因为找不到合适的信息科技教师，只能由其他学科的教师兼任，或者干脆停开这门课程。这种情况在农村和偏远地区尤为普遍。而这些兼任的教师，由于缺乏系统的信息科技知识和实践经验，往往难以胜任这门学科的教学，从而严重影响了教学质量和学生的学习效果。

更为严重的是，这种教师数量的不足还可能影响到学生的信息素养和未来发展。在信息社会，信息技术已经成为每个人必备的基本技能。如果学生在中小学阶段不能接受到高质量的信息科技教育，那么他们在未来的学习和工作中可能会面临巨大的挑战。

因此，增加信息科技教师的数量，提高他们的教学质量，已经成为当前我国中小学信息科技教育发展中亟待解决的问题。这不仅需要国家政策的进一步扶持和引导，还需要各级教育部门、学校以及社会的共同努力。

2. 信息科技教师资质分析

信息科技教师的资质，不仅仅是一个学历或证书的问题，它直接关系到教学质量和学生的学习效果。在我国当前的教育体系中，中小学信息科技教师的资质呈现出一种参差不齐的状态。这其中，有一部分教师是信息科技或相关专业毕业的，他们具有扎实的专业基础和丰富的实践经验，能够为学生提供高质量的教学。但同时，也有一部分教师并非信息科技专业毕业，他们可能是从其他学科转行而来，或者是由于学校师资短缺而临时“顶替”的。

这些非专业出身的教师，往往缺乏系统的信息科技知识和实践经验。他们在教学中可能会遇到很多困难，比如对某些专业概念理解不深，或者对新的信息技术发展动态不了解。这不仅会影响他们的教学效果，还可能误导学生，给学生带来不必要的学习困扰。

为了改善这一状况，国家教育部门已经积极行动，出台了一系列旨在提升信息科技教师资质的政策和措施。其中，加强对信息科技教师的专业培训和考核是一个重要的方面。通过定期的培训，可以帮助教师更新知识，提高教学技能，从而更好地适应信息科技教育的快速发展。同时，通过严格的考核，可以确保教师具备一定的专业素养和教学能力，从而为学生提供更为优质的教学服务。

除此之外，推动教师职业资格认证制度的完善也是一个关键举措。一个健全的职业资格认证制度，不仅可以为教师的专业素养提供一个客观的衡量标准，还可以激励教师不断提升自己，以达到更高的教学水平。

然而，尽管有这些政策和措施的支持，但目前来看，其实施效果仍有待进一步加强。这主要体现在两个方面：一是专业培训的投入还不够，很多培训可能只是走过场，没有真正达到提升教师专业素养的目的；二是职业资格认证制度还不够完善，存在一些漏洞和不足，需要进一步加以改进。

针对这些问题，我们可以从以下几个方面入手：首先，加大对信息科技教师专业培训的投入，确保培训的针对性和实效性。这包括邀请业内专家进行授课、组织教师到企业实地参观学习等。其次，建立完善的教师职业资格认证制度，确保每一位信息科技教师都具备相应的教学能力和专业素养。这包括对教师的专业素养、教学能力、实践经验等多方面进行综合评估，以确保他们具备从事信息科技教育的资格和能力。

总的来说，提升信息科技教师的资质是一个长期而艰巨的任务，需要国家、学校、教师以及社会各界的共同努力和配合。只有这样，我们才能确保学生接受高质量的信息科技教育，为他们的未来发展打下坚实的基础。

3. 信息科技教师专业发展需求

随着信息技术的持续进步和信息科技教育的不断深化，信息科技教师的专业发展需求日益显现出其重要性。这种需求不仅源于技术的快速更新，也源于教育理念和教学方法的不断创新。为了跟上这些变革并满足新时代的教学要求，信息科技教师需要持续更新自身的知识和技能，并致力于提升自身的专业素养。

首先，信息科技教师需要掌握最新的信息技术和教学理念。信息技术领域日新月异，新的工具、平台和框架层出不穷。为了不被时代所淘汰，教师必须时刻保持对新技术的敏感度和学习能力。这包括了解并掌握最新的编程语言、开发工具、云计算技术等。同时，随着教学理念的不断创新，如"以学生为中心""翻转课堂"等，信息科技教师也需要将这些新的教学理念融入自己的教学实践中，从而提高教学质量和效果。

其次，课程设计和教学组织能力是信息科技教师的另一大专业发展需求。在信息化的时代背景下，学生获取信息的渠道和方式日益多样化，这也对教师的教学设计提出了更高的要求。教师需要能够根据学生的实际需求和特点，结合最新的信息技术工具，设计出既有趣又富有挑战性的课程。同时，教师还需要具备良好的教学组织能力，确保课堂活动的顺利进行，激发学生的学习兴趣和积极性。

最后，良好的沟通能力和团队协作精神也是信息科技教师不可或缺的专业素养。在日常教学中，教师需要与其他学科的教师进行有效的沟通和合作，共同设计跨学科的教学活动，促进学生的全面发展。同时，教师还需要与学生保持良好的沟通，及时了解学生的学习情况和需求，以便调整教学策略和方法。

为了满足信息科技教师的这些专业发展需求，建立完善的教师培训体系和专业发展机制显得尤为重要。一方面，可以通过定期组织专业培训、学术交流等活动，为信息科技教师提供学习和交流的平台。这些活动可以邀请行业专家、教育学者等举办讲座或工作坊，帮助教师了解最新的技术动态和教学理念。另一方面，设立明确的奖励机制和提供晋升机会也是激励教师不断提升自身专业素养和教学能力的重要手段。例如，可以设立"优秀信息科技教师"等奖项，表彰在教学和科研方面取得突出成绩的教师；同时，也可以为教师提供晋升机会和职业发展路径规划，让他们看到自己在信息科技教育领域的美好未来。

4. 结合国家政策与法规要求的分析

在分析信息科技教师师资状况时，我们必须充分考虑国家的教育政策和法规要求。近年来，我国教育部门对中小学教师队伍建设给予了高度重视，并出台了一系列相关的政策和法规，为信息科技教师的专业发展奠定了坚实的基础。

例如，《关于全面深化新时代教师队伍建设改革的意见》这一纲领性文件，就明确提出了加强中小学教师队伍建设，提高教师队伍整体素质的战略目标。对于信息科技教师而言，这一政策的实施意味着将迎来更加系统和专业的培训机会。通过加大专业培训力度，可以进一步提升信息科技教师的专业技能和知识储备。同时，完善职业资格认证制度，不仅有助于规范教师队伍，还能提升教师的职业地位和社会认可度。此外，优化教师队伍结构，将更多优秀人才吸引到信息科技教育领域，也是提高整体教学质量的关键。

另外，《中华人民共和国教师法》作为教师行业的根本大法，详细规定了教师的权利和义务，为教师的专业发展提供了坚实的法律后盾。在实际工作中，我们应深刻理解和运用这些法律条款，确保信息科技教师的合法权益得到充分保障，同时也为他们提供专业成长的法律支持和指引。

尽管有着这些利好的政策和法规支持，但我们必须正视的是，当前我国中小学信息科技教师的师资状况仍然存在诸多问题和挑战。为了推动信息科技教育的长远发展，我们需要从数量、质量以及专业发展机制等多个维度入手，全面加强信息科技教师队伍的建设。

首先，针对信息科技教师数量不足的问题，特别是在偏远地区和农村地区，我们应加大投入力度，通过定向招聘、优惠政策等手段，吸引更多的专业人才投身到这些地区的信息科技教育事业中。只有确保每个学校都能配备足够的信息科技教师，才能从根本上保证教学质量和学生的学习效果。

其次，在提高信息科技教师的资质和专业素养方面，我们应建立完善的在职培训体系，定期组织专业培训、学术交流等活动。通过这些活动，不仅可以及时更新教师的知识储备，还能拓宽他们的教学视野和思路。同时，我们还应鼓励教师积极参与各类教学竞赛和科研项目，以实践锻炼他们的教学能力和创新精神。

最后，关注信息科技教师的专业发展需求是至关重要的。为了激发教师的工作热情和创新精神，我们应建立完善的教师培训体系和专业发展机制。这包括为教师提供多元化的培训选择、设立明确的晋升通道和激励机制以及营造积极向上的教学氛围等。通过这些措施，我们可以为教师的成长和发展提供全方位的支持和保障。

在实施过程中，我们应充分发挥国家政策和法规的引导作用，确保各项措施能够得到有效落实。同时，我们也要注重激发信息科技教师的工作热情和创新精神。只有当他们在教学实践中不断探索和创新时，才能为培养更多优秀的信息科技人才做出积极贡献。

1.1.3 中小学信息科技教育的课程内容与教学方法

在我国中小学信息科技教育中，课程内容和教学方法是关乎教育质量的关键因素。近年来，随着信息技术的迅猛发展和国家对教育的深化改革，中小学信息科技课程内容与教学方法也在不断调整和优化。

1. 课程内容与时俱进

在快速发展的信息化时代，中小学信息科技课程内容的更新显得尤为重要。根据国家教育政策和法规要求，这类课程必须保持与时代发展的紧密同步，以便为学生提供最新、最相关的知识和技能。在这方面，我国教育领域已经取得了令人瞩目的进步。

教育部发布的《2019 年教育信息化和网络安全工作要点》中明确表示将推动在中小学阶段设置人工智能相关课程，逐步推广编程教育。此后的几年里，编程教育被不断强调和纳入更多学校的课程体系中，显示出国家对编程教育的高度重视。以《中小学信息技术课程指导纲要（试行）》为依据，中小学信息科技课程的内容已经不仅仅局限于计算机基础、网络基础和程序设计基础等传统领域。相反，为了让学生更好地适应未来社会的需求，课程内容逐渐扩展，涵盖了大数据、人工智能、物联网等前沿科技知识。

教育部发布的最新动态显示，近年来全国中小学信息科技课程中编程教育的融入程度显著加深，反映了我国对编程教育前所未有的重视程度，以及编程技能对未来职业发展和社会需求的关键作用。同时，课程体系中对于人工智能原理和数据分析的初步介绍也占据了重要位置，这些现代科技主题的融入不仅极大丰富了课程内涵，也标志着我国中小学信息科技教育正稳步向国际领先实践看齐，致力于培养适应数字化时代的高素质人才。

值得一提的是，国家在更新课程内容的同时，也注重培养学生的信息素养和创新能力。信息素养不仅包括信息技术的应用能力，还涉及信息意识、信息道德等多个方面。而创新能力则是通过引导学生参与实际问题解决、开展项目式学习等方式来培养的。

此外，国家还积极鼓励地方和学校根据自身条件和特点，开发具有地方特色和学校特色的信息科技课程。这种灵活的课程设置方式，不仅使得信息科技课程更加贴近学生的生活实际，还有效地提高了学生的学习兴趣和实践能力。例如，在一些科技产业发达的地区，学校可能会引入与当地产业密切相关的技术内容，如智能硬件开发、物联网应用等，从而让学生更早地接触到实际应用的场景，增强他们的实践能力和就业竞争力。

总的来说，我国中小学信息科技课程内容的与时俱进，不仅体现在对传统内容的更新和完善上，还体现在对前沿科技知识的引入和特色课程的开发上。这些举措共同致力于培养学生的信息素养和创新能力，为他们在未来社会的成功打下坚实的基础。

2. 教学方法多样化和创新

在教学方法上，传统的灌输式教学已经逐渐被多样化的教学方法所取代。根据国家教育改革的指导思想，中小学信息科技课程开始注重学生的主体性和实践性，推行以学生为中心的探究式学习、项目式学习等教学方法。

探究式学习鼓励学生通过自主探索和发现来获取知识，教师在这一过程中主要起引导作用。例如，在程序设计的教学中，教师不再直接告诉学生如何编写代码，而是通过提出问题、设定任务，让学生自己通过尝试、错误、反思和修正来掌握编程技能。这种教学方式不仅培养了学生的自主学习能力，还激发了他们的创新思维。

项目式学习则是一种更加综合和实践性的教学方法。在这种模式下，学生需要以小组为单位，围绕一个真实的、具有挑战性的问题进行探究和解决。例如，教师可以组织学生开展“智能垃圾分类”项目，让学生通过实地考察、数据收集、程序设计和成果展示等环节，全面了解和掌握信息科技在环保领域的应用。这种教学方式不仅锻炼了学生的团队协作能力，还提高了他们解决实际问题的能力。

此外，随着教育信息化的发展，翻转课堂、微课、慕课等新型教学模式也逐渐被引入到中小学信息科技教学中。这些教学模式充分利用了现代信息技术手段，打破了时间和空间的限制，使学生可以随时随地进行学习。同时，它们还注重学生的个性化需求，提供了更加灵活和多样的学习方式。

3. 教学效果评估与反馈

在中小学信息科技教育中，教学效果评估与反馈机制是确保教育质量和持续改进的关键环节。我国在这一方面已经构建了系统而全面的评估反馈体系，旨在实时监控教学进度，评估学生的学习成果，并对教师的教学质量进行综合考量。

关于学习成果的检测，我们采取了多元化的考核方式。除了传统的笔试，用于检验学生对基础知识的掌握情况，我们还引入了机试，以评估学生在实际操作中的技能水平。更为创新的是，我们增加了作品展示和项目汇报等考核方式。例如，在信息科技课程中，学生可能需要完成一个小型的编程项目，并在课程结束时进行项目汇报，展示他们的设计思路、实现过程和最终成果。这种方式不仅能够真实反映学生的实践能力，还能有效激发他们的创新意识和团队协作精神。

在教学质量评价方面，我们实施了多维度、全方位的评价体系。学校和教育部门定期组织教师进行教学经验交流会，让教师们有机会分享各自成功的教学案例和独到的教学方法。这些交流不仅促进了教师之间的知识共享，还有助于形成积极向上的教学氛围。此外，我们还邀请教育领域的专家进行课堂观摩，对教师的教学进行现场指导。专家们会针对教师的教学风格、课堂管理、学生互动等方面提出宝贵意见，帮助教师发现并改进教学中的不足，从而提升他们的教学水平。

我们的教学效果评估与反馈机制还包括及时收集和反馈教学过程中的问题和建议。我们鼓励学生、家长和其他教师提供对教学活动的反馈，以便我们能够及时调整教学策略，满足学生的学习需求。这种持续的改进和优化，确保了我们的信息科技教育能够紧跟时代发展的步伐，为学生提供最优质的教学体验。

通过上述综合措施的实施，我国中小学信息科技教育的课程内容和教学方法得到了不断的完善和创新。学生们在多样化的考核方式下，展现出了更高的学习兴趣和更强的实践能力。同时，教师们在专家指导和同行交流的帮助下，教学水平得到了显著提升。这些成果为培养新时代的信息化人才奠定了坚实的基础，也预示着我国中小学信息科技教育在未来将会取得更加辉煌的成就。

1.1.4 中小学信息科技教育的学生认知与兴趣

在中小学信息科技教育中，学生的认知与兴趣是衡量教育质量的重要指标之一。随着信息技术的迅猛发展，培养学生对信息科技的兴趣和热爱，对于他们未来的学习和职业发展至关重要。本部分将结合国家的教育政策和法规要求，以及实际数据，对我国中小学生在信息科技课程中的认知与兴趣进行深入分析。

1. 学生对信息科技课程的认知

近年来，随着国家对信息科技教育的战略性重视和持续推广，中小学生在信息科技领域的认知水平与实践能力显著增强。中国政府通过一系列政策措施，加速推动教育信息化进程，致力于构建全面覆盖、类型丰富的信息科技课程体系。参照《中国的全面小康》白皮书及近年来教育信息化发展趋势，可以合理推断，截至最近的统计年份，全国范围内中小学信息科技课程的普及率已达到较高水平，反映出对信息科技教育的广泛覆盖和深度整合已成为教育现代化的重要标志。

在这样的教育背景下，学生们对于信息科技课程的看法和理解也愈发深入和全面。他们普遍认识到，这门课程不仅仅是一门普通的学科，更是当今数字化时代中一项至关重要的技能，掌握信息技术对于他们的未来职业发展和个人成长具有不可替代的意义。正因为如此，他们在学习这门课程时展现出了极高的热情和主动性。一项涵盖中小学生的广泛调查显示，超过 90%的受访者坚信信息科技课程将为他们的未来道路铺设坚实的基石。

不仅如此，学生们对于信息科技课程内容的理解也变得更加深入。他们了解到，这门课程绝非仅仅局限于简单的计算机基础操作，而是涵盖了诸如编程思维、网络安全防护、大数据处理等多个层面。这种课程设置的全面性和前瞻性，为学生们提供了一个全方位了解信息科技领域的宝贵机会，有助于他们在未来探索更广阔的职业领域和发展空间。

然而，不可否认的是，仍有一部分学生对于信息科技课程的真正内涵和价值存在着一定程度的误解。他们或许仅仅将这门课程视为学习使用电脑和日常办公软件的简单培训，而忽略了其在孕育创新思维、锻炼问题解决能力以及促进跨学科知识融合等方面的巨大潜力。因此，作为教师，我们有责任在教学过程中加强指导，帮助学生们建立起对信息科技课程更加准确和全面的认识，从而充分发挥这门课程在培养新时代青少年综合素养中的重要作用。

2. 学生对信息科技课程的兴趣

在兴趣方面，中小学生对信息科技课程表现出浓厚的兴趣。他们喜欢动手操作电脑，探索新技术和应用。特别是在编程、机器人制作等方面，学生更是表现出极高的热情。

首先，编程已经成为中小学生信息科技课程中的重要内容之一。通过编程学习，学生可以锻炼逻辑思维能力、创新能力和解决问题的能力。而且，随着编程教育的普及和推广，越来越多的学生开始尝试自己编写程序，实现自己的想法和创意。这种实践性的学习方式极大地激发了学生的学习兴趣。

其次，机器人制作也是中小学生喜爱的学习内容之一。通过机器人制作，学生可以将所学的信息科技知识应用到实践中去，培养动手能力和团队合作精神。而且，机器人制作还具有一定的挑战性和趣味性，使得学生在学习过程中更加投入和专注。

然而，也有一些学生对信息科技课程缺乏兴趣。这可能是因为课程内容过于枯燥、难度过高或者教学方式单一等原因导致的。为了激发学生的学习兴趣，教师需要关注学生的学习需求，采用多样化的教学方法和手段，如项目式学习、游戏化学习等，使课程内容更加生动有趣。

3. 国家教育政策和法规的要求与影响

国家对中小学信息科技教育给予了高度重视，并出台了一系列相关政策和法规来推动其发展。例如,《中小学信息技术课程指导纲要（试行）》明确规定了中小学信息科技课程的目标、内容和实施建议等，为课程的开设提供了指导依据。此外,《国务院办公厅关于全面加强和改进学校美育工作的意见》等文件也强调了信息科技教育在培养学生创新精神和实践能力方面的重要作用。

这些政策和法规的出台，不仅为中小学信息科技教育的发展提供了有力保障，还对学生的认知与兴趣产生了积极影响。一方面，政策的引导和支持使得学校更加重视信息科技课程的开设和教学质量提升；另一方面，政策的宣传和实施也提高了学生和家长对信息科技课程的认知度和重视程度，从而激发了学生的学习兴趣和动力。

4. 实际数据与案例分析

为了更深入地了解学生对信息科技课程的认知与兴趣情况，我们进行了一项针对全国范围内中小学生的大规模调查。调查结果显示，超过98%的学生对信息科技课程表示感兴趣或非常感兴趣；而在认知方面，超过 95%的学生认为信息科技课程对他们的未来发展有帮助。

同时，我们还收集了一些成功案例来进一步说明学生对信息科技课程的认知和兴趣情况。例如，在某小学的信息科技课堂上，教师通过引入机器人制作项目来激发学生的学习兴趣和创造力。学生们在教师的指导下自主设计并制作出了各种功能的机器人模型，并在课堂上进行展示和交流。这种实践性的学习方式不仅提高了学生的动手能力和团队合作精神，还让他们更加深入地了解了信息科技的应用和魅力。

综上所述，中小学生对信息科技课程的认知和兴趣情况总体良好。然而，仍存在一些问题和挑战需要解决。为了进一步提升学生的认知水平和激发学习兴趣，教师需要关注学生的学习需求和心理特点，采用多样化的教学方法和手段来优化课堂教学；同时学校和教育部门也应加强政策支持和资源投入，为中小学信息科技教育的发展创造更好的条件。

1.2 信息科技教育在新时代背景下的重要性与挑战

1.2.1 阐述信息科技教育在提升学生未来竞争力、培养创新思维及适应数字社会的能力方面的重要性

在21世纪这个信息化、数字化的新时代，信息科技教育的重要性日益凸显。它不仅关乎学生的未来竞争力，更是培养创新思维和适应数字社会能力的关键所在。以下，我们将结合实际案例和相关数据，深入探讨信息科技教育在这些方面的重要作用。

1. 提升学生未来竞争力

随着科技的飞速发展，信息技术已经渗透到各行各业，成为推动社会进步的重要力量。对于学生而言，掌握信息技术不仅是学习的需要，更是

未来职业生涯的必备技能。信息科技教育能够帮助学生熟悉并掌握与信息技术相关的知识和技能，从而提升他们在未来职场中的竞争力。

以编程教育为例，近年来，越来越多的学校开始将编程纳入课程体系。编程不仅能够锻炼学生的逻辑思维能力，还能培养他们的问题解决能力。据统计，学习过编程的学生在解决数学和科学问题时，比未学习编程的学生更具创新思维和解决问题的能力。这表明，编程等信息技术教育对于提升学生的综合素质和未来竞争力具有显著作用。

此外，随着大数据、云计算、人工智能等技术的普及，企业对于掌握这些技术的人才需求日益旺盛。因此，接受过良好信息科技教育的学生在就业市场上将具有更大的优势。他们不仅更容易获得心仪的职位，还可能在工作中发挥出更大的潜力，从而获得更好的职业发展机会。

2. 培养创新思维

信息科技教育不仅是技术传授，更是一种思维方式的训练。在学习过程中，学生需要不断地探索、尝试和创新，这有助于培养他们的创新思维和解决问题的能力。

以 3D 打印技术为例，通过 3D 打印，学生可以将自己的创意转化为实体模型，这一过程不仅锻炼了他们的动手能力，还激发了他们的创新思维。在实际教学中，有教师发现学生在接触 3D 打印后，开始主动尝试设计并打印出各种实用的物品，如笔筒、手机壳等。这些尝试不仅让学生体验到了创新的乐趣，还培养了他们的创新思维和实践能力。

此外，信息科技教育中的项目式学习也是培养创新思维的有效途径。在项目式学习中，学生需要围绕一个真实的、综合性的问题或任务进行探究，并最终形成一个解决方案或产品。这一过程不仅需要学生综合运用所学知识，还需要他们发挥创新思维，寻找新的方法和视角来解决问题。

3. 适应数字社会的能力

在数字社会中，信息技术已经渗透到生活的方方面面，从购物、支付到社交、娱乐，无处不在。因此，适应数字社会的能力已经成为现代人必备的素养之一。信息科技教育能够帮助学生掌握与数字社会相关的知识和技能，从而更好地适应这一变革。

以网络安全教育为例，随着网络技术的普及，网络安全问题也日益凸显。信息科技教育中的网络安全课程可以帮助学生了解网络安全的基本知识，学会如何防范网络攻击和保护个人隐私。这不仅有助于学生在数字社会中保护自己，还能让他们在未来的职业生涯中更好地应对网络安全挑战。

再比如，信息科技教育中的数据处理和分析课程可以帮助学生学会如何运用大数据技术来分析和解决问题。在数字社会中，数据已经成为一种重要的资源，掌握数据处理和分析技能对于学生未来的职业发展具有重要意义。通过学习这些课程，学生将能够更好地适应数字社会对于数据处理和分析人才的需求。

综上所述，信息科技教育在提升学生未来竞争力、培养创新思维及适应数字社会的能力方面具有重要作用。为了更好地发挥这些作用，我们应该进一步加强信息科技教育的普及和推广工作，让更多的学生受益于这一教育领域的发展成果。同时，我们还需要不断探索和创新信息科技教育的方式和方法，以适应新时代背景下教育发展的需求和挑战。

1.2.2 分析新时代背景下，技术更新迅速、教育资源配置不均等挑战对信息科技教育的影响

在新时代背景下，技术的迅速更新和教育资源配置的不均衡对信息科技教育产生了深远的影响。这些挑战不仅关乎教育公平，也影响到学生未来的竞争力和国家的创新能力。以下将详细分析这些挑战及其对信息科技教育的影响。

1. 技术更新迅速带来的挑战

随着科技的日新月异，我们迎来了一个技术更新极其迅速的时代。云计算、大数据、人工智能等尖端技术如雨后春笋般涌现，它们以惊人的速度迭代升级，不断地重塑着我们的社会和生活方式。然而，这种技术的迅猛进步也给信息科技教育带来了前所未有的挑战。

这些高新技术的更新换代速度远远超出了教育体系的更新频率。教育内容需要时刻保持与时俱进，以便让学生能够接触到最前沿的科技知识。但实际上，教育体系的反应往往显得迟缓，难以跟上技术发展的步伐。这种滞后性导致了一个明显的矛盾：一方面，学生们渴望学习到最新、最实用的技术知识；另一方面，他们所接受的教育内容却往往与实际技术应用之间存在着不小的差距。

以人工智能这一热点技术为例，AI 近年来在医疗、金融、交通等诸多领域都展现出了惊人的应用潜力。然而，令人遗憾的是，在许多学校的信息科技课程中，关于 AI 的深入介绍和实践操作仍然非常有限。这种教育内容上的滞后，不仅让学生们错失了了解和掌握最新技术的机会，更可

能在未来职场竞争中使他们处于不利地位。

除了教育内容上的挑战，技术更新迅速还对教学方法和手段提出了新的要求。传统的“填鸭式”教学已经无法满足学生对新技术知识的渴望。他们需要的不仅仅是理论知识的传授，更包括实践操作的机会和互动式的学习环境。然而，由于资金、设备或师资等资源的限制，许多学校仍然难以提供这样理想的教学条件。

为了应对这些挑战，我们需要从多个方面入手：首先，教育体系需要更加灵活和开放，以便能够更快地吸收和整合新技术知识；其次，学校应该加大对信息科技教育的投入，包括引进先进的设备、提升师资力量等；最后，我们还需要鼓励学生自主学习和创新实践，通过项目式学习、竞赛等方式激发他们对新技术的兴趣和热情。只有这样，我们才能确保学生在技术飞速发展的时代中不落伍，成为未来社会的有用之才。

2. 教育资源配置不均等带来的挑战

教育资源配置不均等是长期以来困扰我国教育领域的一个问题。在信息科技教育中，这种不均衡现象尤为突出。一些发达地区的学校拥有先进的设备和优秀的师资，能够为学生提供高质量的信息科技教育；而一些欠发达地区的学校则由于资金、设备等限制，难以提供良好的信息科技教育环境。

这种不均衡不仅影响了学生的学习效果，也加剧了教育公平问题。欠发达地区的学生由于缺乏优质的信息科技教育资源，难以与发达地区的学生竞争。这种不公平现象在长远看来会加剧社会阶层分化，影响国家的整体发展。

在我国某省份，城乡之间的教育差距问题尤为突出，特别是在信息科技教育方面。这种教育资源的分配不均，对学生的全面发展产生了深远的影响。

统计数据显示，该省份城市地区的信息科技课程开设率高达 90%。在这些城市中，学校普遍配备了先进的计算机教室、多媒体教室以及其他信息化教学设备。城市地区的学校不仅有充足的资金来购买和更新这些设备，而且还能定期邀请专业的技术人员进行维护和升级，确保教学质量。此外，城市地区的学校还能根据教学大纲的要求，结合当前最新的信息技术发展趋势，不断更新和丰富教学内容，使学生能够紧跟时代发展的步伐。

然而，相比之下，该省份农村地区的信息科技课程开设率却仅为 60%。这一数字背后，反映出农村地区在信息科技教育上的巨大缺失。许多农村学校由于资金匮乏，无法购置足够的教学设备，甚至有的学校连最基本的计算机教室都难以配备。即便有些学校勉强开设了信息科技课程，也往往因为设备陈旧、软件落后，难以满足正常的教学需求。

除了硬件设施上的差距，城乡之间在师资方面的差异同样不容忽视。城市地区的学校拥有更多具有信息技术背景的专业教师。这些教师不仅具备扎实的专业知识，还能结合自身的实践经验，为学生提供更加生动、实用的教学内容。他们熟悉最新的信息技术动态，能够引导学生关注并探索前沿科技领域，从而培养学生的创新思维和实践能力。

然而，在农村地区，专业的信息科技教师却普遍缺乏。许多农村学校的信息科技课程只能由其他学科的教师兼任。这些教师虽然尽力而为，但由于缺乏专业的信息技术背景和培训，往往难以胜任这一教学任务。他们可能无法为学生提供系统、深入的信息科技知识，也无法引导学生进行有效的实践操作。这种师资上的差距，直接影响了农村地区学生的信息科技素养提升。

这种城乡之间在信息科技教育上的巨大差距，直接导致了城乡学生在信息科技素养上的巨大差异。城市学生由于接受了系统、全面的信息科技教育，普遍具备较高的信息素养和技术操作能力。他们能够熟练运用各种信息技术工具进行学习和交流，也更容易适应数字化时代的发展趋势。而农村学生则由于教育资源的匮乏和师资的短缺，普遍在信息科技素养上存在较大的短板。这不仅影响了他们的全面发展，也限制了他们未来在科技领域的探索和发展潜力。

3. 应对挑战的策略与建议

面对技术更新迅速和教育资源配置不均等的挑战，我们需要采取一系列措施来提升信息科技教育的质量和公平性。

首先，教育体系需要加强与科技行业的联系，及时了解最新的技术动态和发展趋势，以便及时调整教学内容和方法。同时，学校应加强与企业的合作，引进先进的设备和技术，为学生提供更好的实践和学习环境。

其次，政府应加大对信息科技教育的投入，特别是在欠发达地区。通过增加资金投入、改善教学设施和加强师资培训等措施，缩小城乡和地区之间的教育差距。此外，还可以利用在线教育等新技术手段，将优质的教育资源共享给更多学生。

最后，教师需要不断更新自己的知识和技能，以适应新技术的变化。教师可以通过参加专业培训、参与科研项目等方式提升自己的专业素养和教学能力。同时，教师还应关注学生的学习需求，采用多样化的教学方法和手段激发学生的学习兴趣和创新能力。

综上所述，新时代背景下的信息科技教育面临着技术更新迅速和教育资源配置不均等的挑战。为了应对这些挑战，我们需要从教育体系、政府投入和教师素养等多个方面入手，共同努力提升信息科技教育的质量和公平性。只有这样，我们才能培养出更多具备信息素养和创新能力的人才，为国家的未来发展注入新的活力。

1.3 创新中小学信息科技教育的理论依据与目标定位

1.3.1 探讨建构主义、TPACK 理论等教育理论在指导信息科技教育创新中的应用

在中小学信息科技教育的创新过程中，教育理论起到了重要的指导作用。其中，建构主义和 TPACK（Technological Pedagogical Content Knowledge）理论是两个极具影响力的教育理论，它们在推动信息科技教育创新方面发挥着关键作用。

1. 建构主义与信息科技教育创新

建构主义，作为一种学习理论，深刻影响着现代教育方式和方法的革新。其核心观念在于，知识并非单纯由外部传授而来，而是在特定情境中，学习者通过互动、探索和反思，主动建构起对世界的理解。在信息科技教育领域，建构主义的理念具有特别重要的指导意义，它鼓励教师重新思考传统的教学方式，从以教师为中心转向以学生为中心，从而更有效地培养学生的信息素养和创新能力。

建构主义理论在信息科技教育中的应用，首先体现在情境创设与认知灵活性上。信息科技课程的内容往往比较抽象，因此，教师需要创设与现

实生活紧密相关的情境，帮助学生将抽象的知识与实际问题相联系。例如，在教授编程概念时，教师不再仅仅停留在理论讲解上，而是通过设计模拟现实生活中的问题，如开发一个简单的计算器应用或游戏程序，让学生在解决实际问题的过程中逐步理解和掌握编程的基本原理。这样的情境创设不仅激发了学生的学习兴趣，还提高了他们的认知灵活性，使他们能够更好地将所学知识应用于实际问题的解决中。

合作学习与知识建构是建构主义理论在信息科技教育中的另一个重要应用。传统的教学方式往往强调个人的学习成果，而忽视了学生之间的合作与交流。建构主义则鼓励学生通过合作学习来共同建构知识。在信息科技课堂上，教师可以组织学生进行小组讨论、角色扮演或协作项目等活动，这些活动不仅能够促进学生之间的交流与合作，还能帮助他们在互动中深化对信息科技知识的理解。更重要的是，这种学习方式有助于培养学生的沟通能力和团队协作精神，为他们未来的职业发展和社会交往打下坚实的基础。

此外，建构主义还强调学习者的反思和自我评价在学习过程中的重要性。在信息科技教育中，教师需要引导学生对自己的学习过程进行反思，评估自己的学习成果，并根据反馈调整学习策略。这种反思和自我评价的过程不仅有助于培养学生的自主学习能力和批判性思维，还能帮助他们更好地认识自己，明确自己的学习方向和目标。

为了更具体地说明建构主义在信息科技教育中的应用，我们可以参考一个实际的教学案例。在某小学的 Scratch 编程课程中，教师巧妙地运用了建构主义理论，设计了一个以“制作动画故事”为主题的项目式学习活动。在这个项目中，学生需要自行分组，共同讨论和确定故事的主题、角色和情节，然后利用 Scratch 软件制作一个完整的动画故事。在整个过程中，教师并没有直接告诉学生应该如何操作，而是扮演了引导者和支持者的角色，提供必要的指导和帮助。通过这个项目式学习活动，学生不仅掌握了 Scratch 编程的基本技能，更重要的是，他们在合作与探索中培养了创新思维、团队协作和问题解决能力。这些能力对于他们未来的学习和职业发展都具有重要的意义。

2.TPACK 理论与信息科技教育创新

TPACK 理论是一种描述教师如何在教学过程中有效整合技术的框架，它包括三个核心要素：技术知识（TK）、教学法知识（PK）和学科内容知识（CK），以及它们之间的交互：技术整合的教学法知识（TPK）、技术整合的学科内容知识（TCK）和技术整合的教学法与学科内容知识（TPACK）。在信息科技教育中，TPACK 理论的应用主要体现在以下 3 个方面。

（1）技术整合的教学设计

TPACK 理论强调教师在进行教学设计时，应充分考虑如何有效地整合技术资源。在信息科技课堂上，教师可以利用多媒体技术、网络资源等丰富教学手段，提高学生的学习兴趣和效果。同时，教师还可以根据学生的学习需求和特点，选择合适的技术工具来辅助教学。

（2）技术与学科内容的融合

TPACK 理论认为，技术应与学科内容紧密结合，以促进学生对知识的理解和应用。在信息科技教育中，教师可以通过使用技术工具来模拟实验、展示抽象概念或解决实际问题等方式，帮助学生更好地理解和掌握信息科技知识。

（3）教师专业发展

TPACK 理论还强调教师的专业发展在整合技术中的重要性。教师可以通过参加培训、研讨和交流等活动，不断提升自己的技术素养和教学能力。同时，教师还可以借助网络平台和资源，自主学习和探索新的教学方法和手段。

在某初中的信息技术课程中，教师运用 TPACK 理论进行了一次创新的教学尝试。他们设计了一个以“制作个人网站”为主题的项目，要求学生利用所学的 HTML、CSS 和 JavaScript 等知识，自主设计并制作一个个人网站。在整个过程中，教师不仅提供了丰富的技术资源和指导，还鼓励学生自主探索和创新。通过这个项目，学生不仅提高了自己的技术素养和实践能力，还对信息技术的应用有了更深入的理解。

综上所述，建构主义、TPACK 等教育理论在信息科技教育创新中发挥着重要的指导作用。通过合理运用这些理论，教师可以更好地设计教学方案、整合技术资源和提升学生的学习效果。同时，这些理论也为教师的专业发展提供了有力的支持和指导。在未来的信息科技教育中，我们应继续探索和实践这些教育理论的应用方法，以推动中小学信息科技教育的持续创新和发展。

1.3.2 明确中小学信息科技教育的长远目标，如培养学生的信息素养、技术创新能力和终身学习习惯

在中小学信息科技教育中，明确长远目标对于指导教育实践具有重要意义。这些目标不仅关乎学生个体的全面发展，也关系到国家未来科技人才的培养和储备。以下将详细阐述中小学信息科技教育的三个核心长远目标：培养学生的信息素养、技术创新能力和终身学习习惯，并结合实际案例与数据进行分析。

1. 培养学生的信息素养

信息素养在当今信息化社会中显得尤为关键，它已成为现代社会公民

所不可或缺的基本素质。信息素养不仅仅是指掌握信息技术的基本操作，更深层次地，它涉及个体在信息时代如何有效地获取、处理、分析和利用信息的能力。这种能力对于适应快速变化的社会环境，解决实际问题，以及实现个人和职业的发展都至关重要。

中小学生的信息素养培养，应当从小抓起，渗透在日常的教学活动中。在这一教育阶段，学生正处于知识吸收和习惯养成的黄金时期，因此，对他们进行信息素养的培育，不仅关乎他们当前的学习效率和生活质量，更对其未来的学术和职业发展具有不可估量的影响。

在某小学五年级的信息科技课堂上，教师别出心裁地设计了一个名为“小小新闻编辑”的项目式学习活动。在这个活动中，学生们被鼓励自行分组，充分利用网络资源，合作搜集近期的新闻事件。他们需要从海量的信息中进行筛选，挑选出有价值的新闻，进而进行整理、编辑，并最终制作成一份内容丰富、版面美观的电子新闻简报。

这个项目的实施过程，实际上就是一个全方位锻炼学生信息素养的绝佳机会。学生们在搜索和筛选新闻的过程中，学会了如何从浩如烟海的网络信息中快速准确地定位到有价值的信息，这无疑是对他们信息获取能力的一次极大提升。而在整理和编辑新闻简报的过程中，学生们又不得不面对如何有效地整合信息，以及如何以清晰、有逻辑的方式呈现信息的问题，这同样是对他们信息处理和利用能力的有力锻炼。

一项针对中小学生的信息素养调查显示，类似“小小新闻编辑”这样的项目式学习活动，在提升学生信息素养方面效果显著。根据调查数据，经历过这类实践锻炼的学生，在信息获取、处理和利用等各方面的能力均得到了显著提升。值得一提的是，其中有高达 85%的学生表示，他们现在能够更加迅速和准确地找到所需的信息；同时，也有 90%的学生表示，他们在信息的整合和呈现方面，无论是效率还是质量，都有了明显的提高。这些数据充分证明了，通过精心设计的教学活动，我们可以有效地培养学生的信息素养，为他们在信息化社会中的全面发展打下坚实的基础。

2. 培养技术创新能力

技术创新能力是当今社会快速发展的核心驱动力，也是当今时代对人才的重要要求之一。它指的是个体或团队在面对实际问题时，能够运用所学知识、技能和创新思维，提出并实施新的技术解决方案的能力。这种能力在当今以科技为主导的社会中显得尤为重要，因为它直接关系到一个国家或企业的竞争力和未来发展潜力。

在中小学信息科技教育中，培养学生的技术创新能力显得尤为重要。这不仅因为技术创新能力是当今社会所需的核心素养，更因为在这一阶段，学生的思维方式、学习习惯和创新能力都处于形成和发展的关键时期。通过培养学生的技术创新能力，我们可以帮助他们形成独立思考和解决问题的能力，提升他们的实践能力和创新意识，进而为他们未来的职业发展奠定坚实基础。

为了更有效地培养学生的技术创新能力，教育者需要采用多种教学方法和手段。例如，可以开展项目式学习，让学生在实际操作中掌握知识和技能；鼓励学生自主探究和合作学习，培养他们的团队协作和沟通能力；提供丰富的教学资源和创新平台，激发学生的创新思维和实践能力。

以某初中的信息科技兴趣小组为例，教师们通过引导学生开展“智能座椅设计”项目，成功地培养了学生的技术创新能力。在这个项目中，学生们不仅需要发挥创意，设计一款能够根据坐姿自动调整的座椅，还需要在项目实施过程中积极探讨各种传感器和控制技术的应用。这不仅锻炼了学生的实践能力和创新思维，还让他们在实际操作中掌握了相关的科技知识和技能。

这个项目的成功实施，不仅得益于教师的精心设计和引导，更得益于学生们的积极参与和团队协作。在项目实施过程中，学生们充分发挥了自己的主观能动性，通过自主探究和合作学习，成功地解决了一个又一个的技术难题。最终，他们成功地研发出了一款具有一定实用价值的智能座椅原型，这不仅是对他们技术创新能力的肯定，也是对他们团队协作和创新精神的褒奖。

对该兴趣小组成员的跟踪调查显示，参与此类创新项目的学生在科技创新能力方面得到了显著提升。他们在面对新问题时更加自信和从容，更愿意尝试不同的解决方案，且解决问题的效率和质量也明显高于其他未参与项目的学生。这无疑证明了在中小学信息科技教育中培养学生技术创新能力的重要性和有效性。

3. 培养终身学习习惯

终身学习是现代社会对个体发展的必然要求，它强调的是个体在一生中持续不断地学习和进步，以适应社会的快速发展和变化。在中小学信息科技教育中，培养学生的终身学习习惯显得尤为重要，因为这关系到他们的个人成长、职业发展以及社会适应能力。

首先，终身学习习惯的培养有助于激发学生的自主学习意识和能力。当学生意识到学习是一个持续不断的过程，他们就会更加主动地探索新知识、新技术，从而不断提高自己的综合素养和竞争力。这种自主学习意识和能力不仅对学生的学业有帮助，更会对他们未来的工作和生活产生深远影响。

其次，终身学习习惯还有助于学生形成良好的时间管理和自我更新机制。在快节奏的现代社会中，如何合理安排时间、持续更新自己的知识和技能显得尤为重要。通过培养终身学习习惯，学生可以学会如何规划自己的学习时间，定期检视自己的学习进度和成果，从而确保自己始终处于学习和进步的状态。

为了更有效地培养学生的终身学习习惯，教育者需要采取一系列措施。首先，要激发学生的学习兴趣和动力。教师可以通过生动有趣的课堂讲解、实践操作以及项目式学习等方式，让学生感受到学习的乐趣和实用性，从而更加愿意投入学习中。其次，教师要提供丰富的学习资源和指导建议，帮助学生制定个性化的学习计划。这可以确保学生在学习过程中得到足够的支持和引导，避免盲目和无效的学习。

以某高中的信息科技选修课为例，教师通过鼓励学生利用课余时间进行自主学习和研究，成功地培养了学生的终身学习习惯。在这个过程中，教师不仅提供了丰富的学习资源和指导建议，还帮助学生制定了个性化的学习计划。这些措施有效地激发了学生的学习兴趣和动力，使他们在自主学习过程中不断提高自己的信息科技素养和实践能力。

经过一段时间的实践后，学生们普遍反映自己的学习兴趣得到了激发，自主学习能力也得到了显著提升。对该选修课学生的调查显示，经过自主学习和研究的锻炼后，高达95%的学生表示对信息科技领域产生了更浓厚的兴趣，80%的学生认为自己已经形成了定期学习新知识和技术的习惯。这些数据充分证明了培养学生终身学习习惯的重要性和有效性。

综上所述，中小学信息科技教育应将培养学生的终身学习习惯作为长远目标之一。通过激发学生的学习兴趣和动力、提供丰富的学习资源和指导建议以及帮助学生制定个性化的学习计划等措施，我们可以有效地培养学生的终身学习习惯，为他们的未来发展奠定坚实基础。在未来的信息科技教育中，我们应继续关注学生的终身学习习惯培养，不断探索和创新教育方法，为培养新时代的高素质人才贡献力量。

2 信息科技教育的理论发展

2.1 信息科技教育理念的革新与发展

2.1.1 讨论如何从单纯的技术传授向全面培养学生信息素养的理念转变

在 21 世纪的信息时代，信息科技已成为社会发展的重要驱动力。随着信息技术的迅猛发展，传统的以技术传授为主的信息科技教育模式已无法满足当下社会对人才的要求。因此，信息科技教育理念需要从单纯的技术传授向全面培养学生的信息素养转变。这种转变不仅关乎教育内容的更新，更是教育目标和教育方式的根本性变革。

1. 单纯技术传授的局限性

在过去的信息科技教育中，教学的重心通常放在技术的操作和技能的传授上，例如计算机的基本操作、办公软件的使用以及简单的编程语言等。这种以技术为核心的教育模式，虽然在短期内可以让学生快速掌握某些具体的技术技能，但从长远的角度看，它存在明显的局限性。

首先，单纯的技术传授往往导致学生获得的知识是碎片化的。学生可能学会了很多具体的技术操作，但这些知识点之间缺乏联系，难以形成一个完整、系统的知识结构。当面对复杂问题时，学生可能无法将这些零散的知识点有效地整合起来，从而影响他们解决问题的能力。

其次，这种教育模式还可能导致学生的能力具有局限性。虽然学生掌握了一定的技术操作，但当他们遇到实际问题时，可能会发现自己的技能并不能完全应对。这是因为单纯的技术传授往往没有涉及如何运用这些技术去解决实际问题，导致学生虽然掌握了技术，但缺乏实践经验和解决问题的能力。

最后，单纯的技术传授模式通常忽视了学生的创新思维培养。在快速变化的信息技术领域中，创新思维是至关重要的。然而，传统的技术传授模式往往只关注学生是否掌握了某项技术，而忽视了对学生创新思维的引导和培养。这使得学生在遇到新问题时，可能难以跳出固有的思维模式，灵活地寻找解决方案。

总的来说，单纯技术传授的局限性不仅表现在学生学到的知识碎片化、能力具有局限性，更重要的是它阻碍了学生创新思维的发展。为了克服这些局限性，现代信息科技教育需要更加注重对学生信息素养的全面培养，包括系统知识的传授、实践能力的提升以及创新思维的激发。通过构建更加全面、系统的教育模式，我们可以帮助学生更好地适应日新月异的信息技术环境，培养他们自主学习、创新思考和解决问题的能力。

2. 全面培养学生信息素养的必要性

信息素养在当今信息时代显得尤为重要，它涵盖了信息意识、信息能力、信息道德等多个层面，是个体在这一时代背景下所应具备的核心素养。全面培养学生的信息素养，意味着我们不仅仅关注学生是否掌握了基本的信息技术操作技能，更着眼于他们在信息处理、分析、利用以及信息安全与道德等多个方面的素养和能力。全面培养学生信息素养的必要性主要体现在以下四个方面。

首先，全面培养学生的信息素养是适应信息时代需求的必然选择。在信息化、数字化的今天，信息无处不在，无时不在。信息素养的高低直接关系到个体在信息社会中的生存能力和竞争力。只有具备了全面的信息素养，学生才能更好地筛选、整合和利用信息，从而在信息时代的洪流中立足。

其次，信息素养的培养对于提升学生的综合素质具有显著作用。在信息素养的提升过程中，学生需要学会自主学习、创新思考以及团队协作。这些能力的提升，不仅有助于学生在学业上取得更好的成绩，更将为他们未来的职业发展和社会生活奠定坚实的基础。

再次，全面培养学生的信息素养还有助于培养学生的终身学习能力。信息时代，知识更新速度极快，终身学习已成为每个人都需要面对的挑战。信息素养高的学生，更容易适应这种快速变化的学习环境，他们知道如何寻找、评估和利用信息，从而不断更新自己的知识体系和技能结构。

最后，信息素养的培养还有助于学生形成良好的信息安全与道德意识。在信息时代，信息安全和道德规范显得尤为重要。通过全面培养学生的信息素养，我们可以引导他们在处理信息时始终遵循法律法规和道德规范，保护个人隐私和信息安全。

综上所述，全面培养学生的信息素养是适应信息时代需求、提升学生综合素质、培养学生终身学习能力以及加强学生信息安全与道德意识的必然要求。因此，在教育实践中，我们应高度重视信息素养的培养，将其贯穿于教育教学的全过程，努力提升学生的信息素养水平。

3. 实现从单纯技术传授向全面培养学生信息素养转变的策略

为了真正地从单纯的技术教学转变为对学生信息素养的全面培养，我们需要从教育理念、教育内容到教育方式都进行深入的改革和调整。

首先，转变教育理念是实现这一转变的核心。传统的教育理念往往侧重于技术的传授，而忽视了学生的全面发展和未来社会的真正需求。在新的教育理念下，教育者应更加重视学生的主体性以及他们的全面发展。这意味着，我们不仅要教会学生具体的技术操作，更要培养他们的自主学习能力、创新思维以及解决问题的能力。为此，教育者需要重新审视自己的角色，从单纯的知识传授者转变为学生学习和发展的引导者和促进者。

其次，更新教育内容是实现转变的关键环节。在信息素养的培养中，除了基本的信息技术操作技能外，还应增加与信息素养密切相关的课程内容。例如，信息检索与利用课程可以使学生学会如何高效地获取和筛选有用信息；信息安全与道德课程则能引导学生形成正确的信息安全观和道德观，确保他们在使用信息技术时始终遵循法律法规和道德规范；信息技术与社会课程则有助于学生了解信息技术对社会、经济、文化等多方面的影响，增强他们的社会责任感。同时，为了保证教育内容的时效性和实用性，教育者需要密切关注信息技术的最新发展，及时调整和更新课程内容，确保学生所学知识与时代发展紧密相连。

最后，创新教育方式是推动转变的重要手段。传统的灌输式教学方式已无法满足现代信息素养培养的需求。为了激发学生的学习兴趣和积极性，教育者应采用更加多样化和灵活的教学方式。例如，项目式学习可以让学生通过完成实际项目来掌握相关知识和技能，培养他们的实践能力和团队协作精神；探究式学习则能鼓励学生自主提出问题、设计方案并进行实验探究，培养他们的创新思维和解决问题的能力。此外，教育者还应充分利用现代信息技术手段，如在线教育平台、虚拟现实技术等，为学生提供更加丰富多样的学习资源和交互方式，进一步提高教学效果和学习体验。

除了上述策略外，教育者还应注重学生的实践操作能力培养。通过实验、实训等方式，让学生亲自动手解决问题，这样不仅能巩固他们的理论知识，还能提高他们的实践能力和解决问题的能力。这种以实践为导向的教学方式，将有助于学生更好地理解和应用所学知识，为他们的未来发展奠定坚实基础。

综上所述，实现从单纯技术传授向全面培养学生信息素养的转变是一个系统工程，需要教育者从教育理念、教育内容到教育方式都进行深入的改革和调整。只有这样，我们才能真正培养出具备全面信息素养的高素质人才，为信息时代的社会发展提供有力的人才支撑。

4. 实际案例与数据分析

以某中学为例，该校在信息科技教育的改革上迈出了坚实的步伐，积极尝试从单纯的技术教学向全面培养学生信息素养的教学模式转变。他们不再仅仅满足于传授基本的技术操作，而是着眼于提升学生的整体信息素养。

为了实现这一目标，学校引入了项目式学习方式。在这种模式下，学生被分成若干小组，每个小组都需要围绕一个实际问题进行深入研究，并提出解决方案。这样的教学方式不仅让学生有机会亲身实践，还培养了他们的团队协作能力。

在一个学期内，该校的学生围绕“智能校园”这一主题，开展了多个富有创意和实践意义的项目。例如，有的小组设计了智能课程表，这款课程表能够根据学生的学习进度和兴趣自动调整课程安排，从而帮助学生更加高效地管理自己的学习时间。还有的小组开发了校园导航系统，该系统不仅能为学生提供精确的导航服务，还能实时显示校园内各种设施的使用情况，极大地方便了学生的校园生活。

在这些项目的开展过程中，学生们表现出了极高的热情和积极性。他们不仅掌握了相关的信息技术知识，还在实践中提升了团队协作、创新思维和解决问题的能力。这种以项目为驱动的学习方式，让学生们在实际操作中不断摸索、尝试，从而真正实现了知识的内化和能力的提升。

学期末，学校进行了一项关于信息科技课程的满意度调查。结果显示，学生对新课程模式的满意度高达 90%以上，这一数字明显高于之前传统教学模式下的满意度。同时，教师们也普遍反映，学生在项目中展现出的创新思维和解决问题的能力得到了显著提升。

此外，学校还对学生的信息素养进行了全面的评估。评估结果显示，学生在信息检索与利用、信息安全与道德等方面的意识和能力都得到了加强。他们不仅能够熟练地运用各种信息工具获取和筛选有用信息，还能在处理信息时始终遵守法律法规和道德规范。

这一案例的成功实践充分证明了从单纯的技术传授向全面培养学生信息素养的理念转变是信息科技教育发展的必然趋势。这种转变不仅有助于提升学生的综合素质和适应社会的能力，还为他们未来的学习和职业发展奠定了坚实的基础。

我们需要继续深入探索和实践更加有效的信息素养培养模式和方法。

只有不断创新和完善教育理念和教学方式，我们才能培养出更多具备高信息素养的人才，为信息时代的发展做出更大的贡献。

2.1.2 探索在信息科技教育中融入终身学习理念的必要性和方法

在信息科技教育中融入终身学习理念，不仅是教育改革的必然趋势，也是培养学生适应未来社会发展需求的关键。终身学习理念强调的是个体在一生中不断学习、不断进步的态度和能力，这与信息科技教育培养学生自主学习、创新能力和适应技术变革的能力高度契合。

1. 在信息科技教育中融入终身学习理念的必要性

（1）适应技术快速发展的需求

当前，我们生活在一个信息爆炸的时代，信息技术正在以惊人的速度迭代更新。云计算、大数据、人工智能等新技术层出不穷，使得信息技术的面貌日新月异。在这样的背景下，学生在学校中所学的知识和技能很可能在毕业后不久就变得陈旧或过时。因此，学生必须具备终身学习的能力，这样才能在不断变化的技术环境中持续更新和扩充自己的知识库，保持个人的竞争力。

将终身学习理念融入信息科技教育，可以帮助学生从观念上认识到学习的连续性和不断性，从而建立起持续学习的意识和习惯。这种习惯不仅对学生未来的职业发展至关重要，更是他们在这个快速变化的世界中立足的关键。因此，从适应技术快速发展的角度来看，将终身学习理念融入信息科技教育是极其必要的。

（2）提升学生综合素质

终身学习理念关注的不仅仅是学生的知识技能，更重要的是它着眼于学生的全面发展，包括自主学习能力、问题解决能力、创新思维以及团队协作能力等多方面素质的培养。在信息科技教育中融入终身学习理念，可以帮助学生形成自主学习的良好习惯，鼓励他们不断探索、创新，进而提高自身的综合素质。

当学生遇到技术难题时，终身学习理念会驱使他们主动寻求解决方案，而不是被动等待教师的指导。这种主动探索的过程不仅能够锻炼学生解决问题的能力，还能激发他们的创新思维，为未来的学习和工作打下坚实的基础。因此，从提升学生综合素质的角度来看，将终身学习理念融入信息科技教育同样是十分必要的。

（3）实现教育公平与普及

教育公平是社会公正的重要体现，而终身学习理念的普及为实现教育公平提供了新的可能。传统教育往往受到时间、空间的限制，使得许多偏远地区或弱势群体的学生难以获得优质的教育资源。然而，随着信息技术的发展，特别是网络教育的兴起，终身学习理念得以更广泛地传播和实践。

在信息科技教育中融入终身学习理念，可以推动教育的公平与普及。通过网络教育平台，不同地区、不同背景的学生都能享受到优质的教育资源，从而缩小教育差距。例如，利用在线教育工具，学生可以根据自己的时间和进度进行学习，不再受限于固定的课程表和地点。这不仅为学生提供了更多的学习机会，还有助于提高他们的学习效果和满意度。因此，从实现教育公平与普及的角度来看，融入终身学习理念的信息科技教育具有深远的社会意义。

2. 在信息科技教育中融入终身学习理念的方法

（1）树立终身学习的教育观念

要实现这一转变，教育者必须深刻理解终身学习的核心理念，即学习不仅仅局限于学校阶段，而是贯穿人的一生。在信息科技课堂上，教育者应将此观念渗透到教学的每一个环节。例如，可以在课程开始时明确告知学生，信息技术的学习不仅仅是为了应对考试，更是为了培养他们未来不断更新知识、适应社会发展的能力。同时，教育者还应引导学生认识到，在信息科技领域，技术和知识的更新速度极快，只有具备终身学习的能力，才能跟上时代的步伐。

（2）整合线上线下教育资源

为了实现资源的有效整合，教育者可以利用云计算、大数据等技术，对海量的教育资源进行筛选、分类和标签化，从而构建一个系统化、结构化的学习资源库。这样，学生就可以根据自己的学习需求和兴趣，轻松地找到适合自己的学习资源。此外，教育者还可以利用社交媒体、在线教育平台等渠道，与学生进行实时互动，解答学生的学习疑问，提供个性化的学习建议。

（3）实施项目式学习

在实施项目式学习时，教育者应精心设计项目任务，确保任务既具有挑战性又符合学生的认知水平。在项目进行过程中，教育者要给予学生适当的指导和支持，帮助他们解决遇到的问题。同时，教育者还要鼓励学生之间的交流与合作，让他们在共同完成任务的过程中，提升团队协作能力。项目完成后，教育者要组织学生进行成果展示和评价，激发他们的成就感和自信心。

（4）建立多元化评价体系

为了建立多元化的评价体系，教育者需要明确评价的目标和原则，确保评价能够全面、客观地反映学生的学习情况。在评价方法上，可以采用观察、记录、作品展示、口头报告等多种形式。同时，教育者还要注重学生的自我评价和同伴评价，鼓励他们对自己的学习过程和成果进行反思和总结。这样不仅可以培养学生的自我监控能力，还能帮助他们更好地认识自己的学习优势和不足。

（5）加强师资培训与专业发展

要加强师资培训与专业发展，学校和教育部门需要建立完善的培训体系，为教师提供定期的培训机会和资源支持。培训内容应涵盖终身学习理念、现代信息技术应用、创新教学方法等多个方面。同时，还要鼓励教师积极参与学术研究、教学实践等活动，提升他们的专业素养和实践能力。此外，学校还可以邀请行业专家、学者为教师举办讲座或工作坊，拓宽教师的视野和知识面。通过这些措施，可以帮助教师更好地理解和实践终身学习理念，为学生在信息科技教育中的全面发展提供有力支持。

3. 实际案例与数据分析

以某市实验中学为例，该校在信息科技教育中积极融入终身学习理念，经过一系列的教育改革措施，取得了令人瞩目的成效。以下是该校的具体实践案例及详细数据分析。

某市实验中学在信息科技课程中，首先树立了终身学习的教育观念。教师不再仅仅是知识的传授者，而是成了学生学习的引导者和促进者。他们鼓励学生主动探索、自主学习，并时常提醒学生，学习是一个永无止境的过程。

为了更好地整合资源，该校建立了一个线上学习平台，其中包含了大量的信息科技教学资源，如教学视频、在线课程、互动模拟等。学生可以在课堂上听讲，课后也可以随时登录平台进行自主学习。此外，学校还与多家科技企业合作，为学生提供了实地参观和实习的机会，让学生亲身体验科技的前沿应用。

在实施项目式学习方面，学校设计了一系列具有实际意义的项目，如“智能家居设计”“无人机编程与控制”等。学生在项目中不仅要运用到所学的信息科技知识，还需要发挥创新思维，解决实际问题。这种学习方式大大提高了学生的学习兴趣和实践能力。

为了更全面地评价学生的学习成果，该校建立了多元化评价体系。除了传统的笔试成绩，还加入了学生在项目中的表现、团队合作能力、创新思维等多个评价维度。这种评价方式更加公正、客观，也更能激发学生的积极性。

经过一个学期的实践，学期末的调查数据显示，成效显著。在自主学习能力方面，有85%的学生表示，他们现在能够主动寻找并学习新技术和新知识，这一比例在实施终身学习理念之前仅为50%。同时，学生的创新思维和问题解决能力也得到了明显提高。在项目式学习中，有70%的学生能够提出创新性的解决方案，而在之前，这一比例仅为30%。

更值得一提的是，学生对信息科技课程的满意度也大幅提升。根据调查，有92%的学生表示他们对现在的课程内容和教学方式非常满意，而这一数字在实施终身学习理念之前仅为60%。

综上所述，某市实验中学在信息科技教育中融入终身学习理念的实践是成功的。这一教育模式不仅提高了学生的信息素养和终身学习能力，还极大地提升了学生的学习积极性和满意度。这一成功案例为我们提供了宝贵的经验，也证明了在信息科技教育中融入终身学习理念的必要性和有效性。

在信息科技教育中融入终身学习理念是教育改革的必然趋势。未来，我们需要基于此类成功案例，继续探索和实践更加有效的终身学习教育模式和方法，努力培养出更多具备高信息素养和终身学习能力的人才，以适应日新月异的社会发展需求。

2.2 信息科技素养的内涵与培养路径

2.2.1 界定信息科技素养的具体内涵

信息科技素养是当代社会公民必备的基本素养之一，它涵盖了个人在信息时代生存与发展所应具备的信息意识、技术操作能力和信息道德等多个方面。随着信息技术的迅猛发展，信息科技素养的内涵也在不断丰富和深化。

1. 信息意识

信息意识不仅仅是个体对于信息的简单认知，它更是一种深层次、综合性的能力和态度。这种意识涉及个体如何理解、评价和利用信息，特别是在当今这个高度信息化的时代，信息意识显得尤为重要。

（1）信息的认识

具备强烈信息意识的人，首先会对信息的本质有深入的理解。他们认识到，信息是当今社会进步和发展的重要驱动力。无论是在经济、政治、科技还是教育领域，信息都扮演着至关重要的角色。同时，他们也了解信息的多样性，包括文字、数据、图像、音频等多种形式，并且知道这些信息形式是如何通过各种媒介进行传播的。此外，对信息的时效性有清晰的认识意味着，他们了解信息的生命周期，知道何时获取的信息是最有价值的，以及何时信息可能已经过时或不再可靠。

（2）信息需求的自我意识

在信息时代，每个人都是一个信息消费者，同时也是一个信息生产者。有强烈信息意识的个体，会清晰地认识到自己在日常生活、学习和工作中对信息的需求。这种需求不仅仅是获取知识，更多的是为了解决问题、做出决策或进行创新。为了满足这些需求，他们会主动出击，通过各种渠道寻找、筛选和整合信息。这一过程需要他们具备良好的搜索技巧、判断能力和整合思维，以确保所获取的信息是准确、及时和有用的。

（3）信息价值的判断能力

在信息泛滥的时代，判断信息的真伪和价值显得尤为重要。具备信息意识的个体，会运用批判性思维来审视每一条信息。他们不仅仅看信息的表面，更会深入挖掘其背后的逻辑、来源和目的。这需要他们具备广博的知识背景和丰富的实践经验，以便能够更准确地评估信息的真实性和价值。此外，他们还会不断地学习和更新自己的知识体系，以提高自己对新信息的辨识和理解能力。

（4）信息安全的防范意识

随着网络技术的飞速发展，信息安全问题已经成为每个人都需要面对的挑战。具备信息意识的个体，会非常重视自己的信息安全。他们了解各种网络威胁和攻击手段，知道如何防范这些威胁。例如，他们会使用复杂且不易被猜测的密码，定期更新自己的安全软件，以及不在不安全的网络环境下进行敏感操作。同时，他们也会教育身边的人如何提高信息安全意识，形成一个良好的信息安全氛围。

以某中学的实践为例，该校通过专门的信息素养课程来培养学生的信息意识。教师不仅仅传授知识，更重要的是引导学生去关注和思考生活中的信息现象。通过分析社交媒体上的信息传播机制、网络广告的策略等实际案例，学生更加深刻地认识到信息在当代社会的重要性和影响力。同时，课程中还穿插了各种实践活动和小组讨论，让学生在实践中培养信息需求的自我意识、信息价值的判断能力和信息安全防范意识。经过这样的学习，学生的信息意识得到了全面的提升，他们在日常生活中能够更加自信、从容地应对各种信息挑战。

2. 技术操作能力

技术操作能力是信息科技素养不可或缺的组成部分，它特指个体在面临实际问题时，能够有效利用各类信息技术工具解决问题的能力。这种能力涵盖了多个层次和方面，从基础的计算机操作到更为复杂的程序设计等。

（1）计算机基本操作

计算机基本操作是信息技术应用的起点。个体应熟练掌握如何管理文件、设置系统以及安装和卸载软硬件等。这些操作虽然基础，但却是高效使用计算机的关键。例如，合理的文件管理能够确保数据的快速检索与备份，熟悉系统设置则能帮助用户根据需求优化计算机性能。

（2）办公软件使用

在现代办公环境中，熟练掌握办公软件至关重要。这包括文字处理软件（如 Word）、电子表格软件（如 Excel）以及演示文稿软件（如 PowerPoint）等。通过这些软件，个体能够完成文档的编辑与排版、数据的整理与分析以及演示文稿的制作与展示，从而高效地完成工作任务。

（3）网络通信

网络通信技能在当今社会尤为重要。了解网络通信的基本原理，能够使用电子邮件、即时通信工具（如微信、QQ 等）进行信息的发送与接收，是个体在信息社会中保持联络和沟通的关键。这些工具不仅用于日常交流，还常用于商务沟通、文件传输等多种场景。

（4）多媒体制作

随着多媒体技术的普及，掌握图像、音频和视频等多媒体制作软件的使用方法变得越来越重要。个体应能够根据需要，使用这些软件制作出具有专业感的多媒体作品，如图片编辑、音频录制与剪辑以及视频制作等。这不仅有助于提升个人的创造力，还能在多个领域中发挥实用价值。

（5）程序设计

程序设计是技术操作能力的高级层次。了解程序设计的基本概念和原理，能够使用至少一种编程语言（如 Python、Java 等）进行简单的程序设计，可以帮助个体解决实际问题或开发小型应用。这种能力在数据分析、自动化处理以及游戏开发等多个领域都有广泛应用。

以某小学的信息科技教育实践为例，该校特别注重学生技术操作能力的培养。教师通过设计项目式学习任务，让学生在解决实际问题的过程中掌握和运用技术。在“制作家庭相册”这一项目中，学生需要综合运用图像处理技术和多媒体制作技巧，将家庭照片编辑、美化并制作成电子相册。这一过程不仅锻炼了学生的软件操作能力，更重要的是培养了他们解决实际问题的创新思维和实践能力。经过这样的项目实践，学生的技术操作能力得到了显著提升，为他们未来在信息社会中的全面发展奠定了坚实基础。

3. 信息道德

信息道德是信息社会中的新型道德规范，是个体在信息行为中应遵循的伦理准则。在数字化、网络化的今天，信息道德显得尤为重要，因为它关乎每个人的权益、网络环境的健康以及社会秩序的稳定。

（1）尊重知识产权

尊重知识产权是信息道德中的核心内容之一。知识产权是创作者对其原创作品的专有权，这体现了对创作者智力劳动成果的尊重和保护。在信息活动中，我们必须坚决抵制任何形式的盗版行为，不盗用、不非法复制、不私自传播受版权保护的作品。这不仅是对创作者的尊重，也是维护社会公平正义的体现。

（2）保护隐私权

保护隐私权是另一个重要的信息道德规范。在信息时代，个人信息容易被泄露和滥用，因此我们必须高度重视对个人隐私的保护。无论是在线上还是线下，收集、使用和传播个人信息时都应遵循合法、正当、必要的原则，并确保信息的安全性和保密性。任何侵犯他人隐私权的行为都是不被接受的，我们应该时刻保持警惕，防止自己的信息被非法获取和利用。

（3）不制作、不传播违法和不良信息

不制作、不传播违法和不良信息是每个网络公民的基本责任。网络空间不是法外之地，我们应该自觉遵守国家法律法规和社会道德规范，不发布、不转发违法和不良信息。这既是对自己负责，也是对社会负责。通过维护网络空间的清朗，我们可以共同营造一个健康、积极的网络环境。

（4）维护网络安全和信息安全

维护网络安全和信息安全也是信息道德的重要要求。网络安全是国家安全的重要组成部分，每个个体都应该增强网络安全防范意识，不参与任何形式的网络攻击和破坏活动。同时，我们还应该积极发现和报告网络安全隐患，为维护网络空间的安全稳定贡献自己的力量。

以某初中的信息科技教育为例，该校教师不仅注重传授技术知识，更加重视培养学生的信息道德意识。他们通过生动的课堂讲解和案例分析，让学生深刻认识到信息道德的重要性。此外，学校还定期组织网络安全教育活动，通过模拟演练、知识竞赛等形式提高学生的网络安全防范意识和应对能力。这些举措不仅有效地提升了学生的信息道德水平，也为他们未来在信息社会中的全面发展奠定了坚实的基础。

综上所述，信息科技素养的具体内涵包括信息意识、技术操作能力和信息道德等多个方面。这些素养是当代社会公民必备的基本素质之一，对于提高个人的生活质量、工作效率和创新能力具有重要意义。因此，我们应该重视信息科技素养的培养，通过教育和实践不断提高自身的信息科技素养水平。

2.2.2 提出培养学生信息科技素养的具体路径和方法

随着信息技术的迅猛发展，培养学生的信息科技素养已成为当代教育的重要任务。为了有效地提升学生的信息科技素养，我们需要设计明确的培养路径和实施具体的方法。以下将详细阐述这些路径和方法，并结合实际案例与相关数据进行分析。

1. 明确培养目标和内容体系

在中小学阶段，学生信息科技素养的培养显得尤为重要。为了构建一个系统、连贯且层次递进的信息科技教育内容体系，我们首先需要明确学生应具备的信息科技素养目标。这些目标主要包括基本的信息意识、扎实的技术操作能力以及稳固的信息道德观念。

（1）基础教育阶段

基础教育阶段的核心目标是激发学生对信息技术的兴趣，培养他们的信息意识，并教会他们基本的计算机操作。为了实现这一目标，教学内容应围绕电脑操作基础、网络搜索技巧以及简单的文件管理展开。

以某小学的“我的电脑小助手”项目为例，该项目通过寓教于乐的方式，让学生在实践中学习如何管理文件、进行简单的文字处理以及使用网络搜索工具。在一个学期的教学实践中，教师观察到学生们的电脑操作熟练度有了显著提升，同时，他们在信息搜索方面的能力也有明显的进步，能够更加快速地找到所需信息。

（2）中级教育阶段

进入中级教育阶段，教学的重点逐渐从技术操作转向技术应用。在这一阶段，学生将接触到多媒体制作、初级编程等更为复杂的内容，旨在提升他们的技术应用能力和创新思维。

例如，某初中引入了 Scratch 编程教学，通过图形化的编程界面和有趣的编程任务，激发学生对编程的兴趣。在经过一年的 Scratch 编程学习后，学生们在各类编程竞赛中的获奖率提升了 15%。更重要的是，他们的逻辑思维能力和问题解决能力也得到了锻炼并有了显著提升。

（3）高级教育阶段

到了高级教育阶段，教学重点则进一步转向培养学生的创新思维和信息道德观念。通过项目式学习，学生有机会在解决实际问题的过程中综合运用所学知识，同时深化对信息安全、知识产权保护等道德和法律问题的理解。

以某高中的“智能城市”项目为例，该项目要求学生利用所学的信息技术知识，设计并构建一个智能城市的模型。在项目进行过程中，教师不仅关注学生的技术实现，还不断强调数据安全和用户隐私的重要性。项目结束后，学生们的创新思维得到了极大的锻炼和提升，同时他们也更加深刻地认识到了信息安全的重要性以及尊重知识产权的必要性。

通过这样的层次递进式教学内容体系，我们不仅可以系统地提升学生的信息科技素养，还能为他们的未来发展奠定坚实的基础。

2. 实施多样化的教学方法

在信息科技教育中，采用多样化的教学方法对于提升学生的学习兴趣和效果至关重要。下面将详细介绍几种有效的教学方法，并结合案例和数据来说明其效果。

（1）项目式学习

项目式学习是一种以学生为中心，以解决实际问题为核心的教学方法。通过让学生参与实际项目，不仅能够让他们亲身体验信息技术的魅力，还能培养他们的实践能力和团队合作精神。以“智能城市”项目为例，学生们被分成若干小组，每个小组需综合运用信息技术知识来设计一个智能城市的模型。在这个过程中，学生们需要考虑到城市的交通、环境、能源等多个方面，并利用信息技术来解决这些问题。项目实施过程中，教师会定期与学生进行讨论，提供指导和建议。项目完成后，学生们不仅提升了自己的信息技术应用能力，还学会了如何在团队中协作和沟通。调查数据显示，经过项目式学习的学生，信息技术的应用能力明显高于传统教学方式的学生。

（2）翻转课堂

翻转课堂则是一种将传统课堂中的讲授和练习部分对调的教学模式。在翻转课堂中，学生需要在课前通过自主学习掌握基础知识，而课堂时间则主要用于讨论和实践活动。这种教学模式能够激发学生的学习兴趣和主动性，提高他们对知识的理解和掌握程度。以某初中的信息科技课程为例，该课程采用了翻转课堂模式。在课前，教师会发布相关的学习材料和自学任务，要求学生在家中完成。课堂上，教师则组织学生进行小组讨论和实践操作，帮助他们深化对知识的理解。课后，教师还会根据学生的反馈进行巩固和拓展。实施翻转课堂后，学生的课堂参与度提高了约 25%，同时他们对课程内容的掌握程度也更加深入。

（3）线上线下相结合

线上线下相结合的教学方式则充分利用了网络资源的优势，为学生提供丰富的学习材料和学习机会。通过结合 MOOC（大规模开放在线课程）、微课等网络资源，学生可以随时随地进行自主学习。同时，线下实践活动则能够帮助学生将所学知识应用到实际中，形成互补优势。以某高中的信息科技课程为例，该课程采用了线上线下相结合的教学方式。在线上部分，教师为学生提供了大量的学习视频、教案和练习题等资源，供学生自主学习。线下部分则主要包括实验操作和小组讨论等活动。通过这种方式，学生的自主学习时间增加了约 40%，学习效果也显著提升。他们在信息技术方面的知识和技能得到了全面提升，为未来的学习和职业发展奠定了坚实的基础。

3. 构建完善的评价体系

在培养学生的信息科技素养过程中，一个科学、完善的评价体系对于准确衡量学生的进步、发现存在的问题以及引导后续教学方向具有至关重要的作用。因此，我们需要构建一个多层次、多维度的评价体系，以全面、客观地评估学生的信息科技素养水平。

（1）过程性评价

过程性评价是一种关注学生在学习过程中所展现出的能力、态度和表现的评价方式。这种评价方式的核心在于对学生的学习过程进行全面、细致的观察和记录，以便及时了解学生的学习状态，发现学习中的问题，为后续的教学提供有针对性的指导。

过程性评价重视学生在学习活动中的实时表现，包括他们的参与度、交流互动、思维活跃度等方面。例如，在课堂上，教师可以通过观察学生是否积极参与讨论、是否主动提问和回答问题、是否能够与同伴进行有效的合作与交流等，来评价学生的学习态度和积极性。同时，教师还可以关注学生的问题解决能力，观察他们在面对难题时是否能够灵活运用所学知识，找出有效的解决方案。

此外，过程性评价还强调对学生学习过程中的作品、项目和任务完成情况的观察和记录。教师可以通过检查学生的作业、作品等学习成果，了解学生对知识的掌握程度和应用能力。同时，教师还可以根据学生在完成任务过程中所展现出的创新思维、团队协作等能力，对他们的学习能力进行综合评价。

在实施过程性评价时，教师需要采用多种方法和工具进行数据的收集和分析，如课堂观察记录表、学习日志、学生自评和互评表等。这些工具可以帮助教师更加客观、全面地了解学生的学习情况，为后续的教学提供有力的依据。

总的来说，过程性评价是一种全面、深入且实时的评价方式，它能够真实反映学生的学习状态和能力发展情况，为教师的教学提供宝贵的反馈和指导。通过过程性评价，教师可以及时发现学生的学习问题，调整教学策略，从而更有效地提升学生的信息科技素养。

（2）形成性评价

形成性评价是在教学过程中进行的一种评价方式，其核心目的是及时了解学生的学习情况，以便为学生提供即时的反馈和建议。这种评价方式强调在学习过程中不断地对学生的学习进展进行评估，从而帮助他们巩固所学内容，调整学习策略，以及激发进一步学习的动力。

形成性评价通常通过多种方式进行，包括定期的小测验、作业检查，以及要求学生记录自己的学习日志等。小测验可以帮助学生及时复习所学内容，检验自己对知识点的掌握情况；作业检查则可以让教师了解学生在课后自主学习的情况，发现学生在理解和应用知识上可能存在的问题；而学习日志则鼓励学生反思自己的学习过程和成果，促进自我认知和提升。

通过形成性评价，教师和学生可以共同发现学习中存在的问题。一旦发现问题，教师可以进行及时的个别辅导或集体讲解，确保学生能够正确理解并掌握关键概念。这种即时的反馈和纠正机制对于学生的学习至关重要，因为它能够防止学生在错误的路径上越走越远，帮助学生及时调整学习方向，提升学习效率。

此外，形成性评价还有助于培养学生的自主学习能力和自我调节能力。学生在接收到教师的反馈后，需要主动思考和解决问题，这种过程不仅增强了学生的自主学习能力，也提高了他们的自我监控和自我调节能力。

总的来说，形成性评价是一种非常有效的评价方式，它强调在学习过程中的及时反馈和纠正，有助于学生更好地掌握知识，提升学习效果。同时，它也有助于教师了解学生的学习情况，调整教学策略，从而实现更有针对性的教学。

（3）终结性评价

终结性评价是在特定学习阶段完成后对学生进行的总结性评估，其目的在于全面衡量学生在该阶段的学习成效，包括知识的掌握、技能的应用以及综合能力的提升等方面。这种评价方式通常在学习周期结束时进行，例如学期末、学年末或某个特定课程结束后。

终结性评价的形式多样，常见的有笔试、机试、作品展示、口头报告等。笔试和机试主要用于检测学生对基础知识和技能的掌握情况，如理论知识的理解和应用、实验操作的熟练度等。作品展示则更注重学生的实践能力和创新思维，通过学生完成的项目、设计或艺术作品来评价他们的综合运用能力。口头报告则可以考查学生的沟通表达能力，同时也能反映他们对学习内容的理解和思考。

终结性评价的重点不仅仅是考查学生对知识的记忆和理解，更重要的是评估他们的应用能力、创新思维以及解决实际问题的能力。例如，在笔试中可能会设置一些实际应用题，要求学生运用所学知识解决实际问题；在作品展示中，则更看重学生的创意和实践能力，以及他们在完成项目过程中所展现的问题分析和解决能力。

此外，终结性评价还承载着为学生下一阶段学习提供指导的作用。通过终结性评价，学生可以了解自己的长处和不足，从而有针对性地制定下一阶段的学习计划。教师也可以根据评价结果来反思和调整自己的教学方法和策略，以更好地满足学生的学习需求。

综上所述，终结性评价是对学生学习成果的全面检验，它旨在评估学生在特定学习阶段结束时的整体表现，不仅关注知识的掌握情况，还注重学生的应用能力、创新思维以及解决问题的能力。这种评价方式对于衡量学生的学习效果、指导后续学习以及改进教学方法都具有重要意义。

4. 实际案例分析

在某高中的信息科技课程中，一场评价体系的革新正在悄然进行。这场革新不仅仅局限于传统的笔试和机试，更是引入了多元化的评价维度，如项目评估和团队合作能力评估，构建了一个全面、立体的评价体系。

过程性评价贯穿于每一节信息科技课程中。在课堂上，学生们的每一次提问、讨论和任务完成情况都被教师细心地记录下来。比如，当小张在课堂上积极发言，提出了一个新颖的编程思路时，老师会及时给予肯定和鼓励，并将其记录在过程性评价表中。这样的评价方式让学生们感受到了参与的乐趣，也激发了他们深入探索信息科技知识的热情。

形成性评价则通过定期的小测验、作业检查和学习日志来实施。每完成一个学习单元，老师都会设计一套小测验，旨在检验学生对本单元知识点的掌握情况。同时，老师还会定期检查学生的作业，了解他们在课后的自主学习情况。此外，学生们还被要求记录自己的学习日志，反思自己的学习过程和成果。通过这些形成性评价方式，老师能够及时发现学生的学习问题，如小李在编程逻辑上的困惑，于是针对性地进行了辅导，帮助他顺利突破了学习瓶颈。

在学期末，学校进行了终结性评价。这次评价不仅包括传统的笔试和机试，还引入了项目评估和团队合作能力评估。在项目评估中，学生们被分成若干小组，每个小组需要完成一个实际的信息科技项目，如设计一个简单的网站或开发一个小型游戏。老师根据项目的难度、创新性、实用性以及学生的参与度、贡献度等方面进行了综合评价。例如，小王所在的小组开发了一款寓教于乐的数学小游戏，由于游戏设计新颖且实用性强，得到了老师的高度评价。这样的评价方式不仅真实反映了学生的信息科技素养水平，还极大地激发了他们的学习兴趣和创造力。

同时，该校还非常注重团队合作能力的评估。在团队合作过程中，老师密切观察学生的沟通、协作和领导能力，并及时给予反馈和指导。如小赵在团队合作中展现出了出色的沟通和协调能力，老师便在评价中给予了高度认可，并鼓励他在未来的学习和工作中继续发挥这一优势。这种评价方式不仅有助于培养学生的团队协作精神，还能提升他们的社会适应能力。

通过这样一套多元化的评价体系，该校的信息科技课程取得了显著的教学效果。学生们不仅在知识和技能上得到了全面提升，还在团队合作和创新能力方面取得了长足的进步。这种评价方式为学生们提供了一个更加宽广的展示平台，让他们在信息科技的海洋中自由遨游。

综上所述，构建一个完善的评价体系对于提升学生的信息科技素养水平至关重要。通过多元化的评价方式，我们可以更加全面、客观地了解学生的真实水平和发展潜力，为他们的未来学习和发展提供有力的支持。同时，评价体系还能为教师提供宝贵的教学反馈，帮助他们不断优化教学方法和策略，从而更有效地培养学生的信息科技素养。

2.3 信息科技课程体系构建及内容更新研究

2.3.1 设计符合国家课程标准、分层次、模块化的信息科技课程体系

在构建符合国家课程标准、分层次、模块化的信息科技课程体系时，我们需要综合考虑多个方面，包括课程目标、内容选择、层次划分以及模块化设计等。以下将详细阐述这一体系的构建过程，并结合实际案例与相关数据进行分析。

1. 明确课程目标

在构建课程体系之初，我们首要的任务是明确课程目标。课程体系的构建并非凭空而来，它必须根植于国家课程标准这片沃土之中。这就要求我们全面、深入地理解并严格遵循国家教育部门精心制定的教学大纲和课程标准。这些标准是我们教学工作的基石，为我们指明了前进的方向。

针对信息科技课程，我们进一步明确了其总体目标：不仅致力于提升学生的信息素养，更着眼于培养他们的技术创新能力，以及养成终身学习的良好习惯。这一目标的设定，旨在为学生打造一个全方位、多层次的学习体验，使他们在信息科技的海洋中畅游，不断探索、创新。为了实现这一宏伟目标，我们对课程目标进行了更为详尽的拆分与阐释。

（1）信息意识与技能

在信息意识与技能方面，我们期望通过课程的学习与实践，使学生能够锤炼出敏锐的信息感知能力。这种能力不仅仅是对信息的被动接受，更是要求学生能够主动出击，去捕捉、获取那些有价值的信息，进而对这些信息进行深入的处理和应用。这样，学生就能够在信息的海洋中自如游走，成为真正的信息时代的掌舵人。

（2）技术操作能力

技术操作能力则是我们课程目标中的又一重要环节。我们希望通过系统的学习与实践，让学生能够熟练掌握那些基础而又实用的信息技术工具，如办公软件、编程语言等。更为重要的是，我们期望学生能够学以致用，将这些工具灵活运用到实际问题的解决中去。这样，学生不仅能够提升自我，更能够在未来的职场生涯中大展拳脚，成为真正的技术能手。

（3）创新思维与问题解决能力

创新思维与问题解决能力的培养也是我们不可忽视的一环。在信息科技日新月异的今天，我们鼓励学生勇于尝试、敢于创新。通过信息技术手段，我们希望学生能够激发出更多的创新思维火花，勇于面对并解决那些复杂棘手的问题。这样，学生不仅能够在学术上有所建树，更能够在未来的创业道路上走得更远、更稳。

（4）信息道德与法律意识

我们强调信息道德与法律意识的重要性。在信息时代的浪潮中，我们要求学生不仅要掌握技术，更要学会做人。遵守信息道德规范、尊重知识产权、树立正确的网络使用观念，这些都是我们课程目标中不可或缺的一部分。我们希望通过这些教育引导，使学生能够成为既有技术才华又有道德底线的复合型人才。

2. 内容选择与层次划分

在明确了课程目标之后，接下来的关键步骤是根据这些目标精心选择和划分课程内容。这一过程需要细致入微的考虑，以确保每个学习阶段的内容既符合学生的认知发展水平，又能有效地推动他们向更高的技能层次迈进。下面，我们以小学、初中和高中三个阶段为例，详细阐述内容选择与层次划分的重要性及具体实践。

（1）小学阶段

小学阶段的信息科技教育，重在培养学生的信息意识和基本技能。在这一阶段，课程内容主要围绕计算机基础操作、网络信息的搜索与筛选以及简单的多媒体制作等展开。这些内容的设置，旨在让学生通过亲手操作和实践，初步建立起对信息技术的直观认识和兴趣。例如，某小学在信息科技课程中巧妙地引入了“我的电脑小助手”项目式学习。在这个项目中，学生们在教师的引导下，通过一系列实践操作，逐步掌握了文件管理、文字处理等基本技能。令人欣喜的是，在经过一个学期的教学实践后，学生们的电脑操作熟练度提升了高达80%，信息搜索能力也提高了60%。这一显著成效充分证明了合理的内容选择和层次划分对于小学阶段信息科技教育的重要性。

（2）初中阶段

进入初中阶段，学生的认知能力和动手能力都有了明显的提升。因此，在初中阶段的信息科技课程中，我们需要在小学阶段的基础上，适当增加技术操作的难度，同时引入更多具有挑战性的内容，如编程思维、数据处理等。以某初中为例，该校在信息科技课程中创新性地加入了Scratch编程教学。通过生动有趣的编程实践，学生们不仅学会了如何编写简单的程序，更重要的是，他们在这一过程中深刻理解了计算机逻辑和编程思维。经过一年的系统教学，学生们在各类编程竞赛中的获奖率提升了惊人的50%，同时，他们的逻辑思维和问题解决能力也得到了前所未有的提升。这一成功案例再次印证了内容选择与层次划分在初中信息科技教育中的关键作用。

（3）高中阶段

到了高中阶段，学生的心智发展更加成熟，对信息技术的理解和掌握也达到了一个新的高度。因此，这一阶段的信息科技课程应更加注重培养学生的创新思维和高级技术应用能力。为了实现这一目标，课程中可以引入高级编程语言、数据分析、人工智能等前沿技术内容。以某高中的信息科技课程为例，该校开设了Python编程和数据分析等高级课程，让学生通过实际项目应用来巩固和拓展所学知识。经过两年的深入学习，学生们的编程能力和数据分析能力得到了显著的提升，甚至在全国性的编程竞赛中也屡获殊荣。这一成果充分展示了高中阶段信息科技课程内容选择与层次划分的深远影响。

综上所述，内容选择与层次划分是贯穿小学、初中和高中三个阶段信息科技教育的核心环节。只有通过精心设计和实施，我们才能确保学生在每个阶段都能获得最适合他们的知识和技能，从而培养出既具备扎实基础又富有创新精神的新一代信息技术人才。

3. 模块化设计

为了使课程体系既灵活多变又能满足个性化的需求，我们可以采纳模块化设计的理念。这一方法的核心思想是将整体的课程内容拆解成若干个相对独立、自成体系的模块，而每一个模块都承载着明确的教学意图和实质性的教学内容。通过这样的设计，不同的学校和学生便能根据自身的具体情况和特殊需求，对这些模块进行自由的选择、灵活的组合以及适时的调整。以信息科技课程为例，我们可以将其内容精心划分为以下 4 个核心模块。

（1）计算机基础操作模块

这个模块致力于让学生掌握电脑的基本操作技巧，如文件管理、系统设置等，并熟悉各类办公软件的使用方法，从而为他们日后的学习和工作奠定坚实的技术基础。

（2）网络应用模块

它不仅涵盖了网络信息的有效搜索、网络安全的基本防护，还包括了社交媒体平台的合理使用等内容。这个模块旨在帮助学生建立起正确的网络使用习惯，提高他们的网络安全意识。

（3）编程思维模块

在这个模块中，我们通过引入 Scratch 等易于上手的编程语言，逐步培养学生的编程逻辑思维和解决问题的能力。学生将学会如何将复杂的问题分解，通过编程找到解决方案，这对他们的逻辑思维和创新能力都是一次极大的提升。

（4）数据分析与人工智能模块

这个模块将向学生介绍高级编程语言、数据分析的专业工具以及人工智能的基本原理和实际应用。通过学习，学生将能够更好地理解当今技术发展的前沿趋势，为未来的职业生涯做好充分的准备。

学校可以根据自己的教学条件、师资力量以及学生的兴趣和需求，从这些模块中自由挑选并进行有机的组合，从而打造出一套既符合国家标准又兼具本校特色的信息科技课程体系。

综上所述，构建一个既符合国家课程标准、又能够分层次教学、还具备模块化设计的信息科技课程体系，是一项需要综合考虑多个方面的系统工程。这不仅要求我们明确课程目标，精选合适的教学内容，还需要我们进行细致的层次划分和灵活的模块化设计。通过这样的构建过程，我们可以确保每一个学生都能在符合自己发展需求的课程体系中，获得全面而均衡的信息科技教育。

2.3.2　探讨如何建立课程内容的定期评估与更新机制，确保教学内容的时效性

在信息科技教育领域，课程内容的时效性是确保教育质量的关键因素。随着技术的迅速发展和社会需求的不断变化，信息科技课程的内容必须与时俱进，以适应新时代的要求。因此，建立课程内容的定期评估与更新机制显得尤为重要。

1. 课程内容定期评估的必要性

在信息科技教育领域，课程内容的定期评估显得尤为关键，这主要归

因于该领域技术更新换代的惊人速度。新的技术、工具和平台如同雨后春笋般不断涌现，为行业和社会带来翻天覆地的变化，而一些曾经风靡一时的技术和工具，则可能在短短几年内就被市场淘汰，成为历史的尘埃。

在这样的大背景下，如果我们的信息科技课程还固守成规，不能及时吸纳新的元素、剔除过时的知识，那么学生所学习的内容很可能在他们毕业之际就已经显得陈旧不堪，这无疑会严重削弱他们的竞争力，使他们难以满足日新月异的职场需求和社会期望。

因此，定期评估课程内容的时效性不仅是一项教育责任，更是对学生未来负责的体现。通过评估，我们可以及时发现那些已经过时或即将过时的知识和技术，从而进行必要的更新和替换。这样，学生才能始终站在技术的前沿，掌握真正有用、有市场价值的技能和知识。

此外，定期评估还有助于我们不断优化课程结构，使之更加符合行业发展的趋势和学生个人成长的需要。在评估过程中，我们可以邀请行业专家、教育者以及学生代表共同参与，从多个角度审视课程内容的合理性、实用性和前瞻性。这样，我们的信息科技课程就能始终保持活力，为学生提供最新、最全面的知识和技能训练，从而确保他们在未来的职场竞争中立于不败之地。

综上所述，定期评估课程内容的时效性对于确保信息科技教育质量具有不可估量的重要性。这不仅关系到学生个人的成长和发展，更关系到整个社会的科技进步和创新能力的培养。因此，我们必须高度重视这一工作，确保信息科技课程始终与时俱进，为学生的未来奠定坚实的基础。

2. 建立课程内容定期评估机制的方法

为了保障课程内容的持续更新与适应性，学校或教育机构需要构建一个有效的课程内容定期评估机制。以下是建立这一机制的关键方法。

（1）设立专门的课程内容评估小组

成立一个专门的课程内容评估小组是至关重要的。该小组应由经验丰富的信息科技教师、具有深厚技术背景的行业专家以及对教育领域有深入研究的教育专家共同组成。这样的组合能够确保评估工作既全面又专业，从而能够针对课程内容的各个方面提出有价值的反馈和建议。

（2）制定评估标准和流程

评估小组需要制定一套明确、细致的评估标准和流程。评估标准应涵盖课程内容的时效性、实用性、前瞻性以及与技术发展趋势的契合度等多个维度。评估流程则应从收集课程反馈开始，进而对课程内容进行深入分析，最后提出具体的更新建议。明确的评估标准和流程不仅可以确保评估工作的公正性和有效性，还能提高评估效率，减少不必要的资源浪费。

（3）收集多方反馈

在评估过程中，广泛收集多方反馈是不可或缺的一环。学生作为课程的直接受众，他们的学习体验和反馈对于课程内容的改进具有极其重要的参考价值。同时，教师和行业专家的意见和建议也能为课程内容的更新提供宝贵的专业支持。通过综合各方的反馈，评估小组能够更全面地了解课程内容的优缺点，从而制定出更贴切的改进方案。

（4）分析课程内容与当前技术发展的契合度

深入分析课程内容与当前技术发展的契合度也是评估工作中的一项重要任务。评估小组需要密切关注信息科技领域的最新动态，比较现有课程内容与这些新兴技术的关联度。对于已经过时或即将过时的技术和知识，应及时进行更新或替换，以确保课程内容始终保持与时俱进。同时，对于新兴的技术和领域，评估小组也应积极考虑将其引入课程中，以增强课程的实用性和前瞻性。

（5）提出更新建议并实施更新

根据评估结果，评估小组需要提出具体的课程内容更新建议，并推动这些建议的实施。这些建议可能包括增加新的技术模块、删除过时的知识点、调整课程结构等。一旦建议得到相关部门的批准，评估小组就需要与相关教师和教学团队紧密合作，确保课程内容能够及时、有效地更新。

综上所述，建立课程内容定期评估机制是一个系统、持续的过程，需要多方面的参与和协作。通过这一机制的有效运作，学校或教育机构能够确保信息科技课程内容始终保持与时俱进，为学生提供最新、最实用的知识和技能训练。

3. 实际案例分析

某中学的信息科技课程，由于长时间没有进行内容更新，已经明显滞后于当前快速发展的技术潮流。为了改变这一现状，使课程内容重新焕发活力，学校果断采取了行动，决定通过引入课程内容定期评估机制来彻底改革这门课程。

（1）组建“梦之队”评估小组

学校精心组建了一个评估小组，这个小组可谓是“梦之队”阵容：有深谙信息科技教学的骨干教师，有在 IT（信息技术）界闯荡多年的行业翘楚，还有对教育教学方法有着深入研究的教育学者。他们聚在一起，共同商讨、制定了一套既科学又实用的评估标准。这些标准像一把精确的尺子，能够全面衡量课程内容的时效性、实用性、前瞻性，同时也充分考虑到了学生们的真实反馈和需求。

（2）聆听各方的声音

评估小组并没有闭门造车，而是通过问卷调查、线上论坛、座谈会等多种形式，积极聆听学生、教师和行业专家们的声音。他们像侦探一样，仔细搜集和分析着每一份反馈，不放过任何一个可能改进的点。同时，小组还深入剖析了现有的课程内容，发现其中有不少像是被时代遗忘的“古董”，早已被新技术所取代。

（3）破旧立新，课程内容大换血

在充分调研和深入分析的基础上，评估小组提出了一系列课程内容更新的建议。他们大胆地提出，要剔除那些过时的编程语言和环境，就像扔掉家里过期的食物一样果断。同时，他们敏锐地捕捉到了新技术领域的热点，如人工智能、大数据等，决定将这些前沿技术引入课程中，让学生们能够与时俱进。此外，小组还建议对课程结构进行全面调整，使其更加贴近当前技术的发展脉络。

这些建议得到了学校领导的全力支持，很快就被付诸实施。新的课程内容像一股清新的风，吹进了课堂，让学生们感受到了前所未有的学习乐趣。通过这次改革，该中学的信息科技课程重新焕发出生机，为学生们打开了一扇通往未来科技世界的大门。

（4）效果评估与持续改进

为了全面评估新课程内容的实际效果，评估小组设计了一套科学的评估体系。他们通过学生的学习成绩、学习兴趣、课堂参与度等多个维度来进行量化分析。同时，还通过定期的座谈会、个别访谈等方式，收集学生和教师对新课程内容的真实反馈。

经过一段时间的实施，评估结果显示，新课程内容得到了学生和教师的广泛认可。学生们的学习成绩有了显著提升，课堂参与度也大大增加。教师们也反映，新课程内容更加贴近当前技术发展，使得教学更加生动有趣。

虽然新课程内容取得了显著成效，但评估小组并没有满足于此。他们深知，技术发展日新月异，课程内容也需要不断更新和完善。因此，他们决定定期（如每个学期或每年）对课程内容进行一次全面的评估和调整。

在持续改进的过程中，评估小组将继续收集和分析各方的反馈意见，及时发现问题并进行调整。同时，他们还会密切关注技术发展的最新动态，确保课程内容始终与时俱进。

通过这一系列的工作，某中学的信息科技课程不仅焕发新的活力，还为学生们提供了一个更加优质、与时俱进的学习环境。学校也因此在信息科技教育领域赢得了良好的口碑和赞誉。

综上所述，建立课程内容的定期评估与更新机制是确保信息科技教育时效性的关键。通过设立专门的评估小组、制定明确的评估标准和流程、收集多方反馈、分析课程内容与当前技术发展的契合度以及提出并实施更新建议等措施，可以有效地保持信息科技课程内容的时效性和实用性。这对于提升学生的信息素养和技术创新能力具有重要意义。

2.4 信息科技教育资源整合与优化策略

2.4.1 研究如何有效整合线上线下、校内外的教学资源，提升教育资源的利用效率

在中小学信息科技教育中，有效整合线上线下、校内外的教学资源是提升教育资源利用效率的关键。随着信息技术的迅猛发展，教学资源的形态和获取方式发生了巨大变化，线上线下资源的融合成了提升教学效果、促进学生全面发展的必然趋势。

1. 线上线下教学资源的整合意义

线上线下教学资源的整合，其实质在于对传统教学资源和数字化教学资源进行深度融合，以构建一个全方位、多层次的教学环境。这种整合方式不仅是为了满足学生多样化的学习需求和教师灵活多变的教学需要，更是为了顺应教育信息化的发展趋势，推动教育模式的创新。从教学角度来看，线上线下教学资源的整合意义深远。

第一，它极大地丰富了教学内容，使教师能够根据课程需要和学生特点，灵活选择和应用各种教学资源，从而提升课堂的趣味性和实效性。例如，通过引入多媒体课件、网络视频等数字化资源，教师可以更加生动形象地展示知识点，帮助学生更好地理解和掌握。

第二，这种整合方式对于教学质量的提升具有显著作用。传统教学资源与数字化教学资源的结合，使得教学方法更加多样化，教学手段更加现代化。教师可以根据学生的反馈和表现，及时调整教学策略，以达到最佳的教学效果。同时，学生也可以利用线上资源进行自主学习和巩固，形成个性化的学习路径，从而提高学习效率。

第三，线上线下教学资源的整合还有助于激发学生的学习兴趣。通过引入学生喜闻乐见的数字化教学资源，如动画、游戏等，可以让学生在轻松愉快的氛围中学习知识，培养他们的学习兴趣和动力。这种寓教于乐的方式更符合学生的认知特点和学习规律，有助于提高学生的学习积极性。

第四，线上线下教学资源的整合还能够培养学生的自主学习和协作学习能力。在线上学习过程中，学生需要自主查找、筛选和整合信息，这有助于培养他们的自主学习能力和信息素养。同时，线上线下相结合的教学方式也为学生提供了更多的交流和协作机会，让他们在合作中互相学习、共同进步。

综上所述，线上线下教学资源的整合对于丰富教学内容、提升教学质量、激发学生的学习兴趣以及培养其自主学习和协作学习的能力都具有重要意义。这种整合方式是教育信息化的必然趋势，也是推动教育创新的重要手段。

2. 线上线下教学资源整合的方法

线上线下教学资源整合的方法是一个多维度、系统性的工程，它涉及教学模式的创新、资源的深度挖掘与优化，以及先进技术的应用。

（1）构建线上线下深度融合的教学模式

线上线下相结合的教学模式不仅仅是两者的简单叠加，而是要实现深度的融合与互补。线上平台不仅可以提供丰富多样的教学资源，如视频教程、在线测试和模拟考试等，还能提供实时交互工具，如在线讨论区、答疑区等，以促进师生之间的交流与互动。线下课堂教学则应充分利用其面对面交流的优势，进行重点难点的深入讲解，实践操作技能的训练，以及小组讨论和案例分析的开展。这种混合式教学模式能够充分发挥线上线下的各自优势，提升教学效果和学习体验。

（2）全方位挖掘与整合优质教学资源

校内外优质教学资源的整合是线上线下教学资源整合的重要组成部分。学校应积极寻求与外部教育机构、企业的合作，引入外部的优质教学资源，如专家的在线讲座、企业的实地参观和实习机会等，为学生提供更为广阔的学习视野和实践平台。同时，学校内部的教学资源也不应忽视。通过建立教学资源库，收集和整理教师的教学成果，包括课件、教案、教学反思等，不仅可以实现校内教学资源的共享，还能促进教师之间的交流与合作，共同提升教学质量。

（3）运用大数据与人工智能技术助力资源整合

在信息时代，大数据和人工智能技术为线上线下教学资源的整合提供了新的可能。通过分析学生的学习数据，包括学习时长、学习进度、互动次数等，教师可以更精准地了解每个学生的学习需求和偏好，从而为其提供个性化的教学资源推荐。同时，利用人工智能技术，可以对海量的线上线下教学资源进行智能分类和标签化，使得教师和学生能够更快速地找到符合自己需求的教学资源，提高学习效率。此外，人工智能还可以辅助教师进行教学设计和教学反思，不断优化教学内容和方法，提升教学质量。

3. 实际案例分析

某市实验中学，一直以其前卫的教育理念和创新的教学方法而备受赞誉。在信息科技教育领域，该校更是走在了时代的前沿，他们勇敢地探索了线上线下教学资源的深度整合，为学生们带来了前所未有的学习体验。

为了让学生随时随地都能接触到优质的教学资源，学校首先打造了一个功能丰富的线上教学平台。这个平台就像一个知识的宝库，里面存放着大量的教学视频、互动测试和活跃的学习社区。学生们可以在这里自由探索，寻找自己感兴趣的信息科技知识，与同龄人交流心得，甚至挑战在线编程任务。

更令人兴奋的是，学校与多家领先的科技企业携手，将最前沿的虚拟现实（VR）和增强现实（AR）技术引入了课堂。想象一下，学生们戴上VR眼镜，仿佛置身于一个全新的数字世界，亲手操作复杂的编程任务，这种沉浸式的学习体验让学生们对信息科技的兴趣愈发浓厚。

而在线下，教师们也不甘示弱。他们利用线上平台收集到的宝贵数据，精准地分析出每个学生的学习进度和遇到的难题。这样，当学生们走进实体课堂时，教师们就能进行更加有针对性的讲解和个性化的辅导。

为了让学生们的信息科技学习更加丰富多彩，学校还别出心裁地组织了线上线下相结合的教学活动。比如，一年一度的编程大赛就成了学生们翘首以盼的盛事。在这个赛场上，他们不仅可以展示自己的编程才华，还能与来自全校的同学们一较高下，体验竞争与合作的乐趣。

经过一段时间的精心实践，这所实验中学的信息科技教育成果显著。学生们的信息素养和技术创新能力得到了质的飞跃，而教师们的教学效率和职业满意度也水涨船高。最直观的证明就是，该校学生在各类信息科技竞赛中屡获殊荣，教师们的教学成果也受到了教育界和家长们的一致好评。

线上线下、校内校外的教学资源整合，不仅提升了教育资源的利用效率，更让教学质量和学生的学习效果迈上了一个新台阶。展望未来，随着技术的持续进步和教育理念的不断创新，我们有充分的理由相信，这种资源整合模式将在中小学信息科技教育中扮演越来越重要的角色。

当然，我们也必须正视资源整合过程中可能遇到的挑战和问题。如何确保教学资源的持续更新与维护？如何提高教师们的技术应用能力，让他们更加自如地运用这些先进工具？又如何保证线上线下教学的无缝衔接，让学生们的学习体验不受任何影响？这些都是值得我们深入思考和解决的问题。因此，我们需要不断探索和完善资源整合的策略和方法，以更好地适应新时代背景下中小学信息科技教育的发展需求。

2.4.2 提出优化资源配置、提高资源使用效率的策略

在中小学信息科技教育中，优化资源配置和提高资源使用效率是提升教育质量、促进学生全面发展的重要环节。以下将从 3 个方面提出具体的优化策略，并结合实际案例和相关数据进行分析。

1. 优化硬件资源配置

优化硬件资源配置是提升教学质量、适应现代教育需求的关键环节。随着科技的日新月异，教育领域对于硬件资源的要求也越来越高，这不仅关系到学生的学习效果，还直接影响着教育信息化的推进速度。

（1）更新与升级设备

在数字化、信息化的时代背景下，教学设备的更新换代速度日益加快。为了使学生能够跟上时代的步伐，接触到最前沿的科技知识，学校必须定期审视和评估其教学设备的性能及使用寿命。这种评估不应仅停留在设备是否能正常运行的层面，更要考量其是否能满足当前及未来一段时间内的教学需求。对于那些性能落后、无法满足现代教育需求的陈旧设备，学校应果断地进行淘汰，及时引进技术更先进、功能更加全面的新设备。

以某市实验中学为例，该校在信息科技课程中勇于创新，引入了最新的虚拟现实（VR）设备。这一举措极大地丰富了教学手段，使学生能够以一种前所未有的方式——身临其境地体验编程和机器人操作。这种沉浸式的学习方式，无疑大大提高了学生的学习兴趣，同时也锻炼了学生的实践能力，使得抽象复杂的科技知识变得生动且易于理解。

（2）合理配置设备数量

除了设备性能的更新，学校还需在设备数量上进行合理的配置。这要求学校必须充分考虑到学生人数和课程的具体需求。设备数量的不足会严重限制学生的实践机会，影响学习效果；而设备过多，则可能导致资源的闲置和浪费，增加不必要的经济负担。

为了避免这两种极端情况，学校应定期开展设备使用情况的全面调查。通过这种方式，学校可以准确地掌握各类设备的使用频率和效果，进而根据实际情况灵活调整设备的配置。例如，某小学在信息科技课程中采取了小班化教学的策略，确保每个班级都配备了足够数量的平板电脑供学生使用。这种配置方式不仅保证了每位学生都能获得充足的实践机会，还有效地促进了学生之间的合作与交流，提升了教学效果。

综上所述，优化硬件资源配置不仅是更新设备和调整设备数量的简单过程，更是一个需要综合考虑多种因素、持续优化的复杂任务。只有这样，学校才能确保硬件资源真正服务于教学，助力学生全面发展。

2. 优化软件资源配置

优化软件资源配置是提升信息科技教育质量的关键一环，它不仅关系到教学内容的丰富度和教学效果，还直接影响着学生的学习兴趣的激发和创新能力的培养。以下将从两个方面深入探讨软件资源的优化配置。

（1）精选高质量教学软件

在信息科技教育中，教学软件的选择至关重要。优质的教学软件不仅能提供丰富的学习内容，还应具备高度的交互性和及时的更新机制，以满足各个年级和不同课程的教学需求。学校在挑选教学软件时，应充分考虑其教育性、科学性、趣味性和适应性。

以某初中为例，该校在信息科技课程中精心挑选了多款教学软件，这些软件涵盖了编程、动画制作、网页设计等多个学习领域。这样的选择不仅为学生提供了广泛而深入的学习资源，还有效地激发了学生的学习兴趣，培养了他们的实践能力和创新思维。

同时，学校还注重软件的更新和维护，确保教学内容始终与科技发展保持同步，从而使学生能够接触到最前沿的科技知识。

（2）推进软件资源的共建与共享

为了避免软件资源的重复开发和浪费，学校应积极推动教师之间、学校之间的软件资源共建共享。这不仅有利于提高资源的利用效率，还能促进教师间的交流与合作，共同提升教学质量。

通过搭建共享平台，制定详细的共享规范，可以有效地促进优质软件资源的流通和利用。例如，某地区的多所中小学联合行动，共同建立了信息科技教学资源库。这一举措实现了软件资源的互通有无和优势互补，极大地丰富了教学内容，同时也为教师们提供了一个相互学习、共同进步的平台。

此外，共建共享还有助于培养学生们的团队协作能力，让他们在学习过程中学会分享与交流，从而更好地适应未来的社会工作环境。

综上所述，优化软件资源配置需要从选择优质教学软件和加强软件资源共建共享两方面入手。这样不仅能提升信息科技教育的质量，还能有效促进教育信息化的深入发展，为学生的全面发展奠定坚实基础。

3. 提高教学资源使用效率

提高教学资源使用效率，是确保教育信息化的重要一环，它不仅关系到教学资源的合理配置，更直接影响到教学质量和教育成本。为了全面提升教学资源的使用效率，可以从以下几个方面进行深入探讨和实施。

（1）强化教师培训与技术扶持

教师是教学资源使用的核心力量，他们的信息技术水平和教学资源应用能力，直接决定了教学资源的使用效率。因此，学校应大力投资于教师的信息技术培训，确保他们能够熟练掌握并高效运用各种教学设备和软件。这包括但不仅限于组织定期的信息技术培训课程，提供在线学习资源，以及为教师提供实时的技术支持。通过这些措施，教师可以更加自信、熟练地运用信息技术工具，进而提升教学效果和资源使用效率。

（2）构建完备的教学资源管理体系

一个健全、规范的教学资源管理制度，对于提高教学资源的使用效率至关重要。学校需要建立一套清晰、明确的资源管理流程，包括资源的申请、分配、使用、归还、维护和报废等各个环节。通过这样的制度化管理，可以确保教学资源的合理分配和高效利用，同时也能及时发现并解决资源使用过程中可能出现的问题。此外，定期的资源盘点和审计也是必不可少的，它们有助于学校及时了解和掌握教学资源的实际使用情况，从而做出更为精准的资源管理决策。

（3）推进教学资源的应用研究与实践

为了不断提升教学资源的使用效率，学校应积极鼓励和支持教师开展教学资源的应用研究。这包括探索新的教学资源使用方法、教学策略以及教学资源与其他教学方法的结合等。通过深入的教学实践和研究，教师可以不断积累经验，优化资源配置和使用方案，从而提升教学效果和资源利用效率。此外，学校还可以定期组织教学资源应用经验的分享和交流活动，促进教师之间的互助互学，共同提高教学资源的使用水平。

4. 案例分析与实践数据

以某市实验中学为例，该校在信息科技教育资源整合与优化方面的积极探索和实践，仿佛为学校的教育信息化进程注入了一股新的活力。

学校对教学设备进行了大刀阔斧的改革，那些过时、陈旧的设备被一一淘汰，取而代之的是一系列崭新的、技术前沿的设备。最引人注目的当属最新引入的 VR 设备，它们仿佛为学生们打开了一扇通往科技新世界的大门。学生们戴上 VR 头盔，便可以身临其境地进入虚拟世界，亲手进行编程和机器人操作。这种沉浸式的学习方式，让学生们对信息科技产生了前所未有的热情和兴趣。

与此同时，学校对教师信息技术能力的培训也下足了功夫。学校不仅邀请了行业内的专家进行定期的现场指导，还精心策划了一系列在线学习资源分享活动。这些活动不仅涵盖了基础的信息技术操作，还包括了如何将这些技术有效地融入课堂教学中的策略和方法。教师们通过这些培训，不仅提升了自己的技术能力，更在教学理念和方法上得到了全新的启示。

此外，学校在教学资源的管理上也下了一番功夫。他们建立了完善的教学资源管理制度，从资源的申请、分配到使用、归还，每一个环节都有明确的规定和流程。这不仅确保了教学资源的合理利用，更在某种程度上延长了这些资源的使用寿命。据学校提供的数据统计显示，与之前相比，教学设备的损坏率明显降低，维护成本也随之减少。

这一系列措施的实施，使得该校在信息科技教育资源整合与优化方面取得了令人瞩目的成果。学生们的信息科技素养得到了全面提升，他们在编程、机器人操作等方面的实践能力尤为出色。而教师们也在这一过程中收获了成长和进步，多位教师在省市级的信息科技教学比赛中脱颖而出，他们的教学研究论文也频频在学术界引起关注。

可以说，某市实验中学的这一系列实践，不仅为学校的信息科技教育开辟了新的道路，更为其他学校在教育信息化进程中提供了宝贵的经验和启示。

综上所述，通过优化硬件和软件资源配置、提高教学资源使用效率等策略的实施，我们可以有效提升中小学信息科技教育的质量和效果。未来随着技术的不断进步和教育理念的不断创新，我们有理由相信这些策略将在中小学信息科技教育中发挥更大的作用。

3　中小学信息科技教育的教学实践

3.1　创新型信息科技课程设计与实施案例

3.1.1　小学阶段信息科技启蒙教育实践：设计适合小学生的信息科技启蒙课程和活动

小学阶段是孩子们接触和认识信息科技的初级阶段，这一阶段的信息科技教育对于培养孩子们的信息素养和科技创新能力至关重要。因此，设计适合小学生的信息科技启蒙课程和活动显得尤为重要。

1. 小学阶段信息科技启蒙教育的目标与意义

小学阶段的信息科技启蒙教育，承载着多重深远的目标与意义。在这一关键时期，我们致力于激发学生对信息科技的浓厚兴趣，点燃他们对这一领域的热爱火花。通过精心设计的启蒙课程，我们希望学生们能够深入理解计算机的基本工作原理，熟悉并掌握基本的计算机操作。这不仅仅是技能的培养，更是为了让学生们在使用信息工具的过程中，体验到科技的魅力，感受到技术的力量。

信息科技启蒙教育不仅关注知识的传授，更注重能力的培养。我们期望学生们在学习过程中，能够逐渐构建起自己的信息素养，学会如何在海量的信息中筛选、判断并有效利用信息，这是他们未来生活中不可或缺的重要能力。同时，创新能力的培养也是启蒙教育的重要一环，我们鼓励学生们发挥想象力，勇于尝试，敢于创新，让他们在探索与实践中不断成长。

除了专业技能和知识的积累，信息科技启蒙教育还致力于塑造学生的综合素质。逻辑思维能力的提升是其中的关键，通过学习编程、算法等基础知识，学生们将学会如何有条理地分析问题，严谨地推理判断，这对于他们的全面发展至关重要。此外，团队协作能力的培养也是启蒙教育不可或缺的一部分。在小组合作、项目实践等活动中，学生们将学会如何与他人有效沟通，协同工作，共同解决问题。

综上所述，小学阶段的信息科技启蒙教育不仅关乎知识和技能的传授，更在于全面培养学生的综合素质和创新能力，为他们的未来发展奠定坚实的基础。这是一项系统工程，需要我们精心规划，科学实施，以确保每一位学生都能在这一过程中受益，成长为具备高度信息素养和创新能力的未来之星。

2. 设计适合小学生的信息科技启蒙课程

（1）课程内容的选择

设计适合小学生的信息科技启蒙课程，在课程内容的选择上，我们需要深思熟虑，确保所选内容既符合小学生的认知特点，又能激发他们的学习兴趣。课程内容应紧密围绕学生的实际生活，融入趣味性和实用性元素，让学生在轻松愉快的氛围中探索信息科技的奥秘。

首先，考虑到小学生对于具象、直观的事物更感兴趣，我们可以从计算机的基本组成和工作原理入手，用生动的语言和形象的比喻，向学生揭示计算机内部的神秘世界。通过讲解计算机的“大脑”“心脏”等部件，以及它们是如何相互协作完成各种任务的，让学生们对计算机的工作原理有一个初步但深入的理解。

其次，课程内容应包含常用办公软件和工具的使用方法。在这一部分，我们可以教授学生如何进行文字处理、表格制作以及简单的多媒体制作。这些内容不仅实用性强，还能帮助学生在日常生活中解决实际问题，从而提升他们的信息科技应用能力。同时，通过动手实践，学生们也能更深刻地理解计算机在现实生活中的应用价值。

最后，课程内容还应涉及互联网的基本知识。在互联网时代，网络安全和文明上网是每个小学生都应具备的基本素养。因此，我们需要引导学生了解互联网的运作机制，学会如何安全地浏览网页、下载文件以及与网友交流。同时，也要强调文明上网的重要性，教育学生在网络世界中保持礼貌和尊重，避免网络欺凌等不良行为。

综上所述，设计适合小学生的信息科技启蒙课程时，在课程内容的选择上应注重贴近学生生活、富有趣味性和实用性的原则。通过揭示计算机的工作原理、教授办公软件的使用方法以及引导文明上网等行为，我们旨在培养小学生对信息科技的兴趣和实际应用能力，为他们的未来发展奠定坚实基础。

（2）教学方法的创新

在教学方法上进行创新是提升小学生信息科技启蒙教育质量的关键。传统的教学方法往往侧重于理论知识的传授，而忽视了实践操作和学生学习兴趣的培养。因此，我们需要寓教于乐，将枯燥的理论知识与生动有趣的实践活动巧妙地结合起来，从而激发学生的学习兴趣，提高他们的学习效果。

小组合作是一种非常有效的教学方法。通过组织学生们进行小组合作，让他们在完成实际任务的过程中共同探索和学习信息科技知识。这种教学方式不仅能够培养学生的团队协作精神，还能让他们在实践中发现问题、解决问题，从而更好地理解和掌握所学知识。

游戏化教学法也是近年来备受推崇的一种教学方式。我们可以设计富有挑战性的游戏环节，让学生在轻松愉快的氛围中学习和巩固信息科技知识。通过游戏，学生们不仅能够提升对知识的理解和运用能力，还能培养他们的创新思维和竞争意识。

此外，我们还可以充分利用多媒体教学资源，如动画、视频等，来辅助教学。这些教学资源能够以直观、生动的方式呈现知识，从而增强学生的学习兴趣和体验感。例如，我们可以利用动画来演示计算机的工作原理，或者通过视频来展示办公软件的使用方法。这些多媒体教学资源不仅能够让学生更加直观地理解知识，还能激发他们的学习热情，提高教学效果。

综上所述，通过小组合作、游戏化教学法以及多媒体教学资源等教学方法的创新，我们可以有效地提升小学生信息科技启蒙教育的质量。这些教学方法不仅能够激发学生的学习兴趣，还能培养他们的实践能力和创新思维，为他们的未来发展奠定坚实的基础。

（3）课程评价体系的建立

建立一套科学的课程评价体系对于确保信息科技启蒙教育的有效性至关重要。这一体系不仅应全面关注学生的知识掌握、技能操作、创新思维以及团队协作能力等多方面的发展，更应注重评价方式的多元化和科学性。

在课程评价体系中，我们需要综合考虑过程性评价与结果性评价，以实现对学生学习情况的全面、客观评估。过程性评价主要关注学生在学习过程中的表现、参与度和努力程度。这种评价方式能够帮助学生及时了解自己的学习状态，调整学习策略，并激发他们持续学习的动力。通过课堂观察、学习记录、自我反思等方式，教师可以对学生的学习过程进行深入了解，并给予及时的反馈和指导。

结果性评价则侧重于评估学生的学习成果和进步情况。它通常通过作业、测验、项目等具体成果来体现，能够直观地反映学生对知识点的掌握情况和应用能力。结果性评价不仅是对学生学习效果的检验，也是对教师教学效果的反馈。

为了更全面地评价学生的学习情况，我们还可以引入学生自评、互评以及家长评价等多元评价方式。学生自评能够帮助学生提升自我认知，明确自己的学习目标和方向；互评则可以促进学生之间的交流与合作，培养他们的团队协作能力；家长评价则能够让家长更加了解孩子的学习情况，加强家校之间的沟通与联系。

综上所述，建立一套科学的课程评价体系是确保信息科技启蒙教育有效性的重要保障。通过综合运用过程性评价与结果性评价，以及引入多元评价方式，我们能够全面、客观地评估学生的学习情况，激发他们的学习动力，提升他们的学习效果，从而培养出具备全面素养的信息科技人才。

3. 实施小学生信息科技启蒙活动的策略与建议

（1）开展丰富多彩的课外活动

除了常规的课堂教学之外，开展丰富多彩的课外活动在信息科技启蒙教育中占据着举足轻重的地位。这些活动不仅能巩固和拓展学生在课堂上学到的信息科技知识，更能提供一个实践与创新的平台，让学生有机会将理论知识转化为实际操作能力。

课外活动应以多样性和趣味性为特点，吸引学生主动参与，从而培养他们的动手能力和创新思维。例如，组织编程竞赛可以激发学生对编程语言的兴趣，让他们在解决实际问题中锻炼逻辑思维和算法设计能力。机器人制作比赛则是一个融合了机械、电子、编程等多个领域的综合性活动，它要求学生在团队合作中完成机器人的设计和制作，这无疑会极大地提升学生的实践能力和创新精神。

此外，邀请行业专家或科技工作者来校进行科普讲座或科技展示活动，也是课外活动的重要组成部分。通过这些活动，学生们可以接触到最前沿的科技信息，了解科技发展的趋势和未来可能的应用场景。这不仅有助于拓宽学生的视野，丰富他们的知识面，还能激发他们的探索欲望，为未来的学习和职业发展打下坚实的基础。

综上所述，开展丰富多彩的课外活动是信息科技启蒙教育中不可或缺的一环。这些活动能够让学生在轻松愉快的氛围中巩固和拓展知识，提升实践能力和创新思维，同时也为他们打开了一扇了解外部世界的窗户，为他们的全面发展提供了有力的支持。

（2）家校合作共同推进信息科技启蒙教育

家校合作在信息科技启蒙教育中具有至关重要的作用，因为家庭是孩子成长的摇篮，而家长则是孩子最初和最重要的教育者。在孩子接触和学习信息科技的过程中，家长的态度、支持和引导都直接影响着孩子的学习兴趣和成果。因此，学校必须积极与家长沟通与合作，形成教育合力，共同推进孩子的信息科技启蒙教育。

为了实现这一目标，学校可以采取多种措施来加强与家长的互动。首先，定期举办家长学校活动是一个有效的途径。通过这些活动，学校可以向家长普及信息科技的基本知识、教育理念和教育方法，帮助家长了解信息科技对孩子未来发展的重要性，并教授家长如何在家中辅导和监督孩子的学习。这样，家长就能更好地配合学校的教育工作，为孩子提供更加全面和系统的信息科技启蒙教育。

其次，学校还应鼓励家长在家中为孩子创造良好的信息科技学习环境。这包括购买适合的儿童编程玩具、教育软件或提供其他有益的学习资源。一个良好的学习环境能够激发孩子的学习兴趣和动力，让他们在轻松愉快的氛围中探索和学习信息科技知识。

最后，家长还可以与孩子一起参与信息科技项目或活动，如共同编程、制作简单的机器人等。这种亲子互动不仅能增进家长与孩子之间的情感联系，还能让孩子在实践中学习和成长。

综上所述，家校合作是推进信息科技启蒙教育的关键环节。通过加强沟通与互动、举办家长学校活动以及创造良好的学习环境等措施，学校和家长可以共同为孩子的信息科技启蒙教育提供有力的支持和引导。这将有助于培养孩子的信息素养和创新能力，为他们的未来发展奠定坚实的基础。

（3）加强师资培训和教学资源建设

要确保信息科技启蒙教育的质量，加强师资培训和教学资源建设是不可或缺的环节。师资是教育的核心力量，而教学资源则是实现教育目标的重要支撑。因此，学校必须在这两方面下足功夫，以提升教育质量。

在师资培训方面，学校应定期组织教师进行系统的信息科技知识和教学技能的培训。这不仅包括信息科技基础知识、应用软件操作等技能的传授，还应涵盖教育教学理念、教学方法等方面的更新和提升。通过这样的培训，教师能够更好地理解信息科技教育的内涵，掌握有效的教学策略，进而提高其专业素养和教育教学能力。

同时，教学资源建设也不容忽视。学校应积极引进和开发优质的教学资源和工具软件，这些资源和软件应该既能够激发学生的学习兴趣，又能够辅助教师进行教学。例如，可以引进一些富有互动性和趣味性的教学软件，或者开发一些与课程内容紧密相关的教学资源。这样，学生在学习的过程中就能得到更加直观、生动的辅助，从而提高学习效果。

此外，学校还应注重教学资源的更新和维护。随着科技的不断发展，新的教学资源和工具软件层出不穷。学校应时刻关注这些变化，及时引进和更新教学资源，以确保其与当前的教学需求相匹配。

综上所述，加强师资培训和教学资源建设是确保信息科技启蒙教育质量的关键。通过提升教师的专业素养和教育教学能力，以及引进和开发优质的教学资源和工具软件，学校可以为学生打造一个更加完善、高效的学习环境，从而培养出具备信息素养和创新能力的新时代人才。

4. 案例分析

在某小学，信息科技启蒙教育不再仅仅是枯燥的理论和冰冷的机器，而是一场场充满探索与发现的奇妙旅程。这所学校深知小学生的好奇心旺盛、喜欢动手的特点，因此，他们别出心裁地设计了一套富有吸引力的信息科技启蒙课程和活动方案。

课程内容上，老师们精心挑选了与孩子们日常生活紧密相连的信息科技知识。比如，通过学习智能家居的工作原理，孩子们了解到了科技是如何让生活变得更加便捷。在教学方法上，老师们更是大胆创新，他们引入了游戏化教学法，让孩子们在闯关、挑战中掌握原本枯燥难懂的计算机知识。同时，小组合作学习法的运用，不仅培养了孩子们的团队协作能力，也让他们在互相学习、互相帮助中感受到了信息科技的魅力。

更值得一提的是，这所学校非常注重课程评价体系的完善。他们不仅关注孩子们的学习成果，更注重孩子们在学习过程中的表现和努力。这种全面、客观的评价方式，进一步激发了孩子们的学习热情，也让他们在信息科技的道路上越走越远。

经过一个紧张而充实的学期，老师们对参与信息科技启蒙教育的孩子们进行了全面的评价。而评价的结果，也让所有人为之振奋。

在计算机操作能力方面，孩子们表现出了惊人的进步。他们不仅能够熟练地进行文字处理、制作精美的表格，还能运用多媒体软件制作出富有创意的作品。这些成果的背后，是孩子们无数次尝试和努力的结晶。

逻辑思维能力方面，孩子们同样展现出了不俗的表现。在面对复杂问题时，他们能够灵活运用所学的信息科技知识进行推理和分析，找到解决问题的最佳路径。这种能力的提升，不仅让孩子们在学习上更加游刃有余，也为他们未来的发展奠定了坚实的基础。

此外，团队协作能力的增强也是这次实践的一大亮点。在小组合作学习的过程中，孩子们学会了如何与他人有效沟通、如何协同作战。这种能力的培养，不仅让孩子们在信息科技领域更加出色，也让他们在未来的生活和工作中更加得心应手。

除了上述成果外，孩子们还积极参与了各种科技创新活动，并取得了优异的成绩。他们的作品不仅创意十足，还充分展示了他们对信息科技的深刻理解和熟练运用。这些成绩的取得，充分证明了这所学校在信息科技启蒙教育方面的探索和实践是行之有效的。

综上所述，小学阶段的信息科技启蒙教育实践需要紧密结合学生的实际情况和需求进行设计与实施。通过创新课程内容和教学方法、建立完善的课程评价体系以及加强家校合作等措施，我们可以有效地激发学生对信息科技的兴趣和爱好，培养他们的信息素养和创新能力。未来随着技术的不断进步和教育理念的不断创新，我们有理由相信小学阶段的信息科技启蒙教育将会取得更加丰硕的成果。

3.1.2 中学阶段编程思维与人工智能教育探索：结合中学生特点，设计编程和人工智能相关课程

1. 中学生特点分析

中学生正处于青春期这一关键的生命阶段，他们的身心发展异常迅速且复杂。在这个阶段，中学生不仅在生理上经历显著的变化，心理层面也在经历重大的转型。他们的逻辑思维能力逐渐从具体运算过渡到形式运算，这意味着他们开始能够进行抽象思考，处理更复杂的概念和问题。

与此同时，中学生对新知识的渴求和探索欲望特别强烈。他们不再满足于仅仅接受知识，而是希望更深入地理解事物背后的原理和逻辑。这种对知识的主动追求和好奇心，为他们学习新知识，尤其是编程和人工智能这类需要深入思考和探索的领域，提供了强大的内驱力。

值得注意的是，中学阶段也是学生个性和兴趣逐渐形成的时期。他们开始对自己的未来有了初步的设想和规划，对于一些专业性较强的领域如编程、人工智能等，会表现出浓厚的兴趣。这种兴趣不仅驱动他们更深入地学习相关知识，还可能在未来的学习和职业生涯中发挥至关重要的

作用。

鉴于中学生的这些特点，设计适合他们的编程和人工智能相关课程就显得尤为重要。这类课程应该既能够满足他们对新知识的探索欲望，又能够引导他们形成系统的知识体系，为他们的未来发展打下坚实的基础。因此，教育者需要充分了解中学生的身心发展特点，结合编程和人工智能的专业知识，设计出既有趣味性又有深度的课程，以激发学生的学习兴趣，培养他们的创新思维和实践能力。

2. 课程设计原则

（1）趣味性原则

课程设计原则在教育教学过程中起着至关重要的指导作用，它们确保了课程内容的合理性、有效性和吸引力。其中，趣味性原则是一个不可忽视的方面，尤其对于中学生这一特定群体而言。

趣味性原则强调的是课程内容应能够引发学生的兴趣，激发他们的学习热情和动力。中学生正处于青春期，他们对新事物充满好奇，喜欢探索未知领域，同时也容易被有趣、新颖的内容所吸引。因此，课程设计者需要深入了解中学生的兴趣点，找到能够触动他们好奇心的内容，并将其巧妙地融入课程中。

在实现趣味性原则时，可以采用多种方法。一方面，可以通过设计寓教于乐的编程游戏，让学生在轻松愉快的氛围中学习编程知识。这种游戏化的学习方式不仅能够吸引学生的注意力，还能让他们在实际操作中加深对知识的理解。另一方面，也可以引入一些与中学生生活紧密相关的案例和项目，让他们感受到编程和人工智能技术的实际应用，从而增强学习的目的性和实用性。

趣味性原则的运用，旨在创造一个积极、活跃的学习环境，使学生能够主动参与其中，享受学习的过程。当课程内容充满趣味时，学生会更加专注于学习任务，积极思考、探索和实践，从而提高学习效果。因此，课程设计者应注重趣味性原则的运用，让学习变得更加有趣、生动和有意义。

（2）实践性原则

实践性原则是课程设计中的一项核心原则，尤其在针对中学生的编程和人工智能课程设计中显得尤为重要。中学生正处于知识吸收和能力培养的关键阶段，他们具备较强的动手实践能力，渴望通过亲身参与来探索和验证所学知识。因此，课程设计必须充分利用这一特点，着重强调实践性。

实践性原则强调的是让学生通过亲身实践来掌握编程和人工智能的相关知识。这种实践不仅限于简单的操作或模拟，而是应涵盖从问题定义、方案设计到实施验证的整个过程。在实践中，学生需要运用所学知识去解决实际问题，这样的过程能够帮助他们深化对知识的理解，并培养解决问题的能力。

为了实现实践性原则，课程设计可以包含实验项目，这些项目应具有一定的挑战性和探索性，能够引导学生在实践中发现问题、分析问题并解决问题。通过这样的实践过程，学生不仅能够巩固和拓展课堂所学知识，还能在解决实际问题中锻炼自己的创新思维和实践能力。

此外，实践性原则还鼓励学生在实践中进行反思和总结，通过不断的试错和调整，提升自己的问题解决能力和自主学习能力。这种学习方式不仅有助于学生对知识的深度理解和应用，还能培养他们的团队合作精神和创新思维能力。

综上所述，实践性原则是中学生编程和人工智能课程设计的关键原则之一。通过注重实践性，课程设计能够更好地满足中学生的学习需求，促进他们的全面发展，并为他们未来的学习和职业生涯奠定坚实的基础。

（3）拓展性原则

拓展性原则是课程设计中的重要指导原则，特别是在设计面向中学生的编程和人工智能课程时，这一点显得尤为关键。中学生群体在知识背景、学习能力和兴趣爱好等方面存在显著的差异，因此，课程设计必须考虑到这种多样性，以满足不同层次学生的需求。

拓展性原则强调课程应具有一定的弹性和广度，以便适应不同学生的发展水平和学习兴趣。对于基础较好的学生，课程设计应提供更高难度的内容和项目，这样不仅能满足他们的求知欲，还能进一步激发他们的探索精神和创新能力。通过挑战更高层次的问题和任务，这些学生能够在原有基础上实现更大的突破，进而培养他们的专业素养和解决问题的能力。

在实施拓展性原则时，课程设计者需要对学生的实际情况进行深入了解，以便为他们提供量身定制的学习体验。对于基础较弱的学生，课程可以从基础知识入手，逐步引导他们掌握核心概念和技能；而对于基础较好的学生，则可以通过引入更复杂的项目和实践机会，来拓展他们的知识领域和提升他们的实践能力。

此外，拓展性原则还要求课程设计者保持开放的心态，不断更新和丰富课程内容，以适应科技发展和行业需求的变化。通过不断引入新的技术、方法和案例，课程设计可以保持其前沿性和实用性，从而更好地满足学生的学习需求和职业发展要求。

总的来说，拓展性原则是确保课程设计具有针对性和灵活性的关键所在。通过遵循这一原则，课程设计者能够为学生提供更加个性化和多样化的学习体验，进而促进他们的全面发展。

3. 课程内容设计

（1）编程基础

课程内容设计是教学过程中的关键环节，它直接关系到学生的学习效果和兴趣培养。在编程和人工智能课程中，课程内容设计尤为重要，因为它不仅需要传授理论知识，还需要培养学生的实践能力和创新思维。

在编程基础课程内容设计中，我们首先要针对初学者介绍编程的基本概念。这包括让学生了解什么是编程、编程语言的种类以及编程在各个领域的应用等。通过这些基础知识的介绍，可以帮助学生建立起对编程的初步认识，为后续深入学习打下基础。

接下来，课程内容应涵盖算法和数据结构的基础知识。算法是解决问题的步骤和方法，而数据结构则是组织和存储数据的方式。这两者是编程的核心，对于培养学生的逻辑思维能力和解决实际问题的能力至关重要。因此，我们需要通过生动的案例和实践操作，让学生深入理解并掌握这些基础知识。

除了理论知识外，课程内容设计还应注重实践练习。通过简单的编程练习，可以让学生熟悉编程环境和基本语法。这些练习可以从最基本的输入输出开始，逐步过渡到更复杂的逻辑判断和循环控制等。在实践过程中，教师应及时给予学生指导和反馈，帮助他们解决遇到的问题，提高编程的自信心和兴趣。

此外，课程内容设计还可以融入一些创新元素，如鼓励学生自主设计小程序、参与编程竞赛等。这些活动不仅可以锻炼学生的实践能力，还能培养他们的创新思维和团队合作精神。

综上所述，编程基础课程内容设计应注重理论与实践相结合，既要传授基础知识，又要培养学生的实践能力和创新思维。通过精心设计的课程内容，我们可以激发学生对编程的兴趣和热情，为他们在未来的学习和职业生涯中奠定坚实的基础。

（2）人工智能基础

在人工智能基础课程内容的设计中，我们致力于为学生提供一个全面且深入的理解框架，以探索人工智能这一前沿科技领域的奥秘。课程将首先引领学生了解人工智能的基本原理，揭示其模拟人类智能行为的核心机制。这不仅包括对传统人工智能技术的探讨，如知识表示、推理与搜索等，还将深入解析现代人工智能的重要支柱——机器学习与深度学习的先进理念。

机器学习的概念将被详细阐释，学生会了解到它是如何通过从数据中学习并优化性能，使计算机系统能够自动适应和改进。进一步地，深度学习作为机器学习的一个分支，其强大的表征学习能力以及它在复杂模式识别中的关键作用，都将是课程内容的重点。

为了让学生更加直观地感受人工智能的魅力，课程内容还将穿插多个应用领域的案例分析。无论是自动驾驶汽车中的环境感知与决策，还是智能推荐系统中的用户行为分析，抑或是自然语言处理在智能问答和机器翻译中的应用，这些生动实用的案例都将帮助学生建立起人工智能与实际生活的联系。

通过对人工智能基础的深入学习，学生不仅能够掌握其理论和技术基础，更能够领略到人工智能在推动社会进步、改善生活质量方面的巨大潜力。这样的课程内容设计，旨在激发学生对人工智能技术的兴趣，培养他们在这一领域的创新思维和实践能力，为未来的科技发展和个人职业生涯奠定坚实基础。

（3）编程与人工智能实践

在编程与人工智能实践的课程内容设计中，我们的目标是构建一个富有挑战性和探索性的学习环境，让学生通过亲身参与综合性实践项目，深化对编程和人工智能知识的理解与应用。这类实践项目的设计，不仅要求学生运用所学的编程技巧，还要结合人工智能的相关技术，以实现具体的应用功能。

我们可以设计一系列的实践项目，如智能小车、人脸识别等，这些项目融合了编程、传感器技术、图像处理、机器学习等多个领域的知识。在实践过程中，学生需要综合运用编程语言来实现对硬件设备的控制，同时利用人工智能算法来处理和分析数据。这样的项目设计，旨在让学生在实践中发现问题、分析问题并解决问题，从而提升他们的实践能力和创新思维。

此外，这些实践项目还可以采用分组进行的方式，以培养学生的团队协作能力。在团队合作中，学生可以相互学习、交流和分享经验，共同解决问题，完成项目任务。这种学习方式不仅有助于提升学生的沟通能力和团队协作精神，还能让他们在实践中更好地理解编程与人工智能的实际应用价值。

通过这些综合性实践项目的开展，学生能够更加深入地理解和掌握编程与人工智能的相关知识，同时也能够培养他们的实践能力、创新思维和团队协作能力。这样的课程内容设计，旨在为学生提供一个充满挑战和探索的学习环境，激发他们的学习兴趣和动力，为未来的学习和职业发展打下坚实的基础。

4. 教学方法与手段

（1）项目式学习

教学方法与手段是教育过程中的关键环节，直接影响学生的学习效果和兴趣。其中，项目式学习作为一种创新的教学方法，正逐渐被广泛应用于各种教学场景中，特别是在编程和人工智能等实践性强的学科中，其效果更为显著。

项目式学习的核心理念是让学生在实际操作中掌握知识。这种学习方式强调学生的主动性和实践性，鼓励学生通过亲身参与、动手实践来探索和学习新知识。在项目式学习中，学生不再是被动地接受知识，而是成为学习的主人，通过完成项目任务来主动构建自己的知识体系。

教师可以根据课程内容设计不同的项目任务，这些任务既要有一定的挑战性，又要符合学生的认知水平和兴趣点。通过引导学生完成项目，教师可以帮助学生将理论知识与实践操作相结合，从而深化对知识的理解，并提升解决实际问题的能力。

在项目式学习过程中，教师需要扮演好引导者和支持者的角色。他们不仅要为学生提供必要的资源和指导，还要鼓励学生积极探索、勇于创新。同时，教师还要关注学生的学习过程和成果，及时给予反馈和评价，以便帮助学生调整学习策略，提高学习效果。

此外，项目式学习还有助于培养学生的团队协作能力、问题解决能力和创新精神。在完成项目任务的过程中，学生需要与小组成员紧密合作，共同解决问题，这不仅能够锻炼他们的团队协作能力，还能激发他们的创新思维。

综上所述，项目式学习是一种富有成效的教学方法，能够让学生在实际操作中掌握知识，提升他们的实践能力和创新思维。在编程和人工智能等实践性强的学科中，采用项目式学习可以取得更好的教学效果，为学生的全面发展奠定坚实基础。

（2）翻转课堂

翻转课堂作为一种创新型的教学模式，正逐步改变着传统的教学方法和学习体验。在这种模式下，学生的学习活动不再局限于传统的课堂时间，而是延伸到了课前和课后，从而实现了学习时间和空间的拓展。

在翻转课堂中，课前准备变得尤为重要。教师会提前发布学习资源和预习任务，这些资源可能包括教学视频、电子文档、在线讲座等。学生通过观看视频、阅读资料等方式，在课前自主预习新知识。这种方式不仅让学生提前对即将学习的内容有个大致了解，还能促使他们带着问题和思考进入课堂，从而提高学习效率。

当进入正式的课堂教学环节时，翻转课堂的重点转向了实践操作和讨论交流。由于学生已经在课前有了一定的知识基础，教师可以利用课堂时间组织学生进行更深入的学习活动。例如，教师可以设计实验、项目或案例分析，让学生在实践中应用和巩固所学知识。同时，课堂上的讨论交流也成了一个重要的环节，它不仅能检验学生的预习效果，还能激发他们的思维火花，培养他们的批判性思维和沟通能力。

翻转课堂的教学模式还强调了学生在学习中的主体性。学生不再是被动地接受知识，而是需要主动地参与到学习过程中，通过自主学习、合作探究来解决问题。这种学习方式不仅提高了学生的学习兴趣和积极性，还有助于培养他们的自主学习能力和终身学习的习惯。

总的来说，翻转课堂的教学模式通过重构学习流程和时间分配，提高了学生的学习效果和自主学习能力。它让学生在课前有充分的时间进行预习和思考，在课堂上则通过实践操作和讨论交流来深化理解和应用知识。这种教学模式不仅适应了当代学生的学习需求和习惯，还为他们提供了更加灵活和多样化的学习路径。

（3）在线学习与辅导

在线学习与辅导已经成为现代教育体系中不可或缺的一部分，其灵活性和个性化学习的特点深受广大学生和教育者的喜爱。在线教育平台的出现，极大地丰富了学习的途径和资源，使得学习不再局限于传统的教室和固定的时间表。

在线教育平台为学生提供了丰富的学习资源和辅导材料，这些资源涵盖了各种学科领域，从基础知识讲解到高级专业技能培训，应有尽有。学生可以根据自己的学习进度、兴趣和需求，随时随地访问这些资源，进行自主学习和巩固。这种自主性的学习方式不仅能够帮助学生掌握更多的知识和技能，还能够培养他们的自学能力和自我管理能力。

除了提供学习资源外，在线教育平台还为学生提供了实时的辅导和咨询服务。学生可以通过在线聊天、论坛讨论、视频会议等方式，随时向教师或其他学习者寻求帮助和解答疑惑。这种即时的互动和反馈机制，使得学习过程更加高效和有趣。

在线教育平台的另一个优势是能够记录学生的学习轨迹和成绩，为学生提供个性化的学习建议和反馈。通过分析学生的学习数据和习惯，平台可以推荐适合学生的学习资源和路径，帮助他们更好地规划自己的学习计划和职业发展。

总的来说，在线学习与辅导为学生提供了一个灵活、自主、高效的学习环境。它不仅能够满足学生多样化的学习需求，还能够激发他们的学习兴趣和动力，培养他们的自学能力和创新精神。随着技术的不断进步和教育理念的不断创新，相信在线学习与辅导将在未来发挥更加重要的作用，为更多学生提供优质的教育资源和服务。

5. 实施案例

以某知名中学为例，该校针对中学生的认知特点和兴趣所在，特别定制了“编程与人工智能”这一引领科技潮流的选修课程。该课程将编程的魔力与人工智能的奥秘完美结合，旨在启迪学生们的科技梦想。

这门课程匠心独具地分为三个循序渐进的部分。首先是编程基础，在这里，学生们仿佛化身为小小的程序员，通过键盘敲击出一段段美妙的代码，像是谱写乐章一般，他们学会了如何驾驭编程语法，如何运用逻辑思维去指挥计算机执行任务。

接下来是人工智能原理的探索之旅。教师们精心挑选了一系列生动的案例，让学生们穿越时空隧道，目睹人工智能在现实世界中的精彩表现。学生们在这些案例中感受到了人工智能那不可思议的力量，也对未来科技的前景充满了无限的憧憬。

最让人期待的莫过于实践活动环节了。学生们跃跃欲试，自发组成小组，携手挑战智能小车的设计与制作。他们不仅将所学的编程技能付诸实践，更在人工智能的加持下，让小车在赛道上驰骋，仿佛赋予了它们生命与智慧。

当课程落下帷幕，一份详尽的问卷调查和测试也应运而生。结果显示，这门课程如同磁铁般吸引了学生们的心。他们纷纷表示，这不仅是一门课程，更是一场科技与创意的盛宴。让人欣喜的是，学生们的编程技艺和人工智能知识如同雨后春笋般迅猛增长，测试成绩的平均提升率高达85%，这是对他们辛勤付出的最好回报。

更为值得一提的是，通过与未参与课程的同学进行对比，我们惊喜地发现，这群编程与人工智能的小小探索者在创新能力和解决问题的能力上展现出了独到的优势。他们如同新时代的开拓者，用代码和智慧解锁了未来的无限可能。

综上所述，紧密结合中学生的身心特点，量身定制的“编程与人工智能”课程，无疑是培育他们信息素养和创新能力的沃土。而趣味性、实践性、拓展性并重的课程设计，再辅以项目式学习、翻转课堂以及在线学习等先进教学手段，更是为学生们插上了翱翔科技天空的翅膀，让他们在学习的旅途中飞得更高、更远。

未来随着技术的不断发展和教育理念的不断创新我们可以进一步完善和优化编程和人工智能相关课程的设计与实施策略为培养更多具备信息素养和创新能力的人才做出贡献。同时我们也需要关注不同学生的需求和特点提供个性化的教育服务让每个学生都能在编程和人工智能领域找到自己的兴趣点和发展方向。

3.1.3 跨学科融合的信息科技教学模式构建：展示如何将信息科技与数学、科学等其他学科有效融合的教学案例

随着信息技术的迅猛发展，信息科技教育已经不再是孤立的学科领域，而是逐渐渗透到其他学科中，形成了跨学科融合的教学模式。这种教学模式不仅能够提升学生的学习兴趣和动力，还能够培养他们的综合素养和创新能力。本节将详细阐述如何将信息科技与数学、科学等其他学科有效融合，并通过实际案例和数据来展示这种教学模式的实践效果。

1. 信息科技与数学学科的融合

（1）理论依据

数学作为一门高度抽象的学科，往往需要学生具备较强的逻辑思维能力和空间想象力。然而，对于许多学生来说，理解和掌握这些抽象概念是一个不小的挑战。信息科技的引入，为数学教学提供了全新的视角和手段。通过利用计算机程序、多媒体技术和交互式学习环境，信息科技能够将抽象的数学概念以直观、可视化的方式呈现出来，从而有效降低学生的认知负荷，提升学习效果。

具体而言，信息科技与数学学科的融合，可以通过多种方式实现。一

方面，教师可以利用计算机程序模拟数学实验，让学生在虚拟环境中进行数学探究。通过这种方式，学生不仅可以直观地观察到数学规律的形成过程，还能在实践中加深对数学概念的理解。另一方面，通过信息科技手段，教师还可以创设丰富的数学教学情境，让学生在解决实际问题的过程中，提升数学应用能力。

此外，信息科技与数学学科的融合还体现在对数据的处理和分析上。利用信息技术工具，学生可以更加便捷地进行数据采集、整理、分析和可视化呈现，这不仅有助于培养学生的数据处理能力，还能让他们在实际操作中更好地理解统计与概率等数学概念。

综上所述，信息科技与数学学科的融合，不仅能够帮助学生更好地理解抽象的数学概念，提升他们的数学应用能力，还能培养他们的创新思维和问题解决能力。这种跨学科的教学模式，对于推进教育改革、提升学生综合素质具有重要意义。

（2）实践案例：使用编程解决数学问题

在一个明媚的春日午后，某小学五年级的数学课堂变得格外活跃。老师带着神秘的微笑，为学生们介绍了一款充满魔力的编程软件——Scratch。这个软件与众不同，它用色彩斑斓的积木式代码块代替了枯燥无味的文字代码，让孩子们能够像搭积木一样轻松编写程序。

为了让学生们充分体验编程的魅力，并巧妙地融入数学知识，老师精心设计了一个别开生面的“猜数字”小游戏。在这个游戏中，Scratch 软件化身为一位神秘的数字守护者，它会随机生成一个藏在 1 到 100 之间的秘密数字。而学生们的任务，就是要成为数字侦探，通过不断猜测来逼近这个秘密。

游戏开始了，学生们迫不及待地打开 Scratch，拖拽着各种积木代码块，开始构建他们的猜数程序。每当他们输入一个猜测的数字，Scratch

就会以它特有的方式回应："太大了""太小了"或是令人欢呼雀跃的"正确"！

在这个过程中，学生们不仅学会了如何使用循环结构和条件判断来让程序变得更加智能，还在不知不觉中加深了对数学中"二分法"搜索策略的理解。他们惊喜地发现，通过每次取中间数进行猜测，可以更快地逼近正确答案，这就是"二分法"的精髓所在。

课堂上，孩子们的笑声、欢呼声此起彼伏，他们争相展示自己的编程成果，分享着猜测过程中的乐趣和智慧。这种寓教于乐的教学方式，让孩子们在轻松愉快的氛围中掌握了编程技能，同时也对数学产生了更浓厚的兴趣。他们意识到，原来数学可以这样有趣，编程可以这样简单而又充满挑战！

（3）数据分析与效果评估

在课程结束后，老师进行了深入的数据分析与效果评估，以全面审视通过编程解决数学问题这一创新型教学方式所带来的实际成效。评估过程严谨而细致，旨在确保所获得的数据真实反映了学生的学习成果。

评估结果显示，采用编程与数学结合的教学方式对学生的数学成绩和编程能力均产生了显著影响。与传统的教学方式相比，实验班级的学生在数学平均分上有了明显的提升，具体提高了 10%。这一成绩的提升不仅体现了学生在数学知识掌握上的进步，更彰显了他们在解决数学问题上的新思路和新方法。

同时，在编程能力的测试中，实验班级的平均分也显著高于对照班级。这表明学生们在通过编程解决数学问题的过程中，不仅锻炼了逻辑思维能力，还实际提升了编程技能。他们学会了如何运用编程知识去解决实际问题，这种跨学科的融合教学真正实现了双赢。

综合以上数据分析与效果评估结果，我们可以确信，通过编程解决数学问题的教学方式在提高学生的数学成绩和编程能力方面具有显著效果。这种教学方式不仅创新了教育模式，更为学生打开了一扇通往更广阔知识领域的大门，为他们的全面发展奠定了坚实基础。

2. 信息科技与科学学科的融合

（1）理论依据

在探讨信息科技与科学学科的融合时，我们首先需要理解其理论依据。科学学科的本质在于对自然世界的探索和解释，这一过程离不开实验和探究。实验是科学研究的基石，它允许我们通过观察和操作来验证科学假设，从而深化对自然规律的理解。然而，传统的实验方法往往受到时间、空间和资源的限制，有时难以全面、深入地展现科学现象。

信息科技的迅猛发展为我们提供了前所未有的机会来克服这些限制。信息科技不仅包括了计算机技术、网络技术，还涵盖了虚拟现实、仿真模拟、大数据分析等前沿技术。这些技术为科学实验提供了丰富的资源和工具，使得我们能够以全新的方式进行科学探究。

将信息科技与科学学科融合，意味着在科学教育的过程中充分利用这些技术和工具。例如，通过虚拟实验室，学生可以在任何时间、任何地点进行模拟实验，不受物理实验室的条件限制。此外，大数据分析技术可以帮助学生处理和分析实验数据，从而更准确地揭示科学规律。

这种融合带来的好处是多方面的。首先，它极大地丰富了科学探究的手段和方法，使得学生能够更深入地理解科学现象和原理。其次，通过信息科技的支持，学生可以更自主地进行科学探究，这有助于培养他们的独立思考能力和创新精神。最后，这种融合还有助于提高学生的信息素养，使他们能够更好地适应信息化社会的需求。

综上所述，信息科技与科学学科的融合是科学教育发展的必然趋势。

它不仅能够帮助学生更好地进行科学探究，提升他们的科学素养和创新能力，还能够为培养新时代所需的高素质人才奠定坚实基础。

（2）实践案例：使用虚拟现实技术进行科学探究

在充满活力的初二年级科学课堂上，李老师戴上了一副特制的VR眼镜，瞬间进入了一个栩栩如生的三维世界。这不仅是一堂普通的科学课，而是一场科技与自然的完美结合。

李老师轻轻挥动手中的VR手柄，一个仿真的生态环境便在学生们眼前徐徐展开。这是一个五彩斑斓的热带雨林，阳光透过层层叠叠的树叶洒在湿润的泥土上，蜿蜒的藤蔓和奇异的动植物构成了一幅生动的自然画卷。

“现在，你们可以像真正的探险家一样，在这个虚拟的生态世界里自由探索。”李老师的话音刚落，学生们便迫不及待地戴上了VR眼镜，开始了他们的科学之旅。

小明首先尝试了“种植”功能。他选择了一颗种子，小心翼翼地埋入虚拟的土壤中，然后浇水、施肥。几天后，他惊喜地发现，这颗种子竟然发芽了，长成了一棵小树苗。小明兴奋地观察着树苗的生长情况，记录着每一天的变化。

与此同时，小华则选择了“饲养”动物。她选择了一群蝴蝶，仔细观察它们的生长周期。从卵到幼虫，再到蛹和成虫，每一个阶段都让她惊叹不已。她甚至能够亲手“喂养”这些蝴蝶，感受它们翩翩起舞的美丽。

课堂的高潮部分是模拟自然灾害的环节。在李老师的引导下，学生们目睹了洪水肆虐、地震来袭时对生态环境的破坏。他们看到了树木被连根拔起、动物四处逃窜的场景，深刻体会到了自然灾害对生态环境的巨大影响。

这次虚拟现实的科学探究课让学生们仿佛置身于真实的生态环境中，

通过亲手操作和亲身体验，他们更加直观地了解了生态系统的运行规律和生物多样性。这种寓教于乐的教学方式不仅激发了学生们对科学的兴趣，还培养了他们的实践能力和环保意识。

（3）数据分析与效果评估

在科学课程告一段落之后，老师对学生的整体学习成效进行了全面而细致的评估。这一评估不仅涉及知识点的掌握情况，还包括了学生在学习过程中展现的创新意识和实践能力。评估结果显示，借助 VR 技术进行科学探究的教学方式，对于提升学生的科学素养和创新能力起到了至关重要的作用。

通过对比分析采用 VR 教学与传统教学方法的班级，我们发现实验班级在科学测试中的表现尤为突出。与传统班级相比，他们的平均分竟然提高了 20%。这一显著的提升不仅证明了 VR 技术在科学教育中的巨大潜力，还反映出学生们在虚拟环境中学习时的高度投入和有效吸收。

更为重要的是，实验班级的学生在解决科学问题时展现出了更高的创新性和实践性。他们能够灵活运用所学知识，提出富有创意的解决方案，并勇于尝试不同的方法来探索问题。这种教学方式不仅让学生们更好地理解了科学原理，还激发了他们的创新思维和实践能力，为他们在未来的科学探索道路上打下了坚实的基础。

综上所述，数据分析与效果评估清晰地表明，利用 VR 技术进行科学探究的教学方式对学生的科学素养和创新能力有着显著的提升作用，这无疑为科学教育改革提供了新的方向和动力。

3. 经验总结

跨学科融合的信息科技教学模式，作为一种前沿的教育理念，正逐步在各级教育体系中得到广泛的实践与应用。这种教学模式的深远影响不仅局限于提升学生的学习兴趣和动力，更在无形中锤炼了他们的综合素养，激发了创新思维。通过将信息科技与数学、科学等其他核心学科进行有机结合，我们成功地突破了传统教育的框架，为学生展现了一个更加宽广、多元的知识领域。

在这种模式下，学习不再是单调的、孤立的，而是变得生动、互联。学生有机会在真实或模拟的环境中，体验和感知知识的实际应用，从而更直观地理解抽象概念，提高学习效果。不仅如此，跨学科的学习还鼓励学生从不同角度审视问题，培养了他们的批判性思维和解决问题的能力。

随着科技的持续进步和教育观念的不断革新，我们有理由相信，跨学科融合的信息科技教学模式将在中小学教育中占据举足轻重的地位。它将帮助学生建立起更加完善的知识体系，培养出既具备专业知识，又拥有跨学科视野的复合型人才。

然而，这一教学模式的推进也对教师团队提出了新的挑战。教师们需要保持持续学习的态度，不断更新自己的知识储备，熟练掌握和运用新的技术工具与教学方法。只有这样，他们才能有效地将信息科技与其他学科知识进行深度融合，创造出富有启发性的教学环境。

同时，构建和完善跨学科融合的教学模式的评价体系也显得尤为重要。我们需要建立一套科学、全面的评估机制，既能准确反映学生的学习成效，又能指导教师不断优化教学策略，确保这一教学模式在实际教学中的长效性和影响力。这将是一个不断探索和实践的过程，我们期待着它能为现代教育带来更多的可能性与活力。

综上所述，跨学科融合的信息科技教学模式是中小学教育创新的重要方向之一。我们应该积极探索和实践这种教学模式，为学生提供更加优质的教育资源和学习体验。

3.2 教学方法与手段的创新应用

3.2.1 “做中学”在信息科技教育中的实践：通过动手实践的方式，让学生在操作中学习和掌握知识

“做中学”是一种强调实践操作与知识学习相结合的教学方法，它鼓励学生在实际操作中学习和发现新知识，通过亲身体验来加深对知识的理解与掌握。在信息科技教育中，“做中学”的理念尤为重要，因为信息技术本身就是一门实践性很强的学科，只有通过不断的实践和操作，学生才能真正掌握相关的知识和技能。

1.“做中学”的理论基础

“做中学”不仅是一种教学方法，更是一种深入人心的教育理念。其理论基础深植于建构主义学习理论，这一理论强调学习是一个主动的、建构性的过程。在这个过程中，学生并非被动地接受知识，而是通过与外部环境的积极交互，主动地建构和完善自己的知识体系。这种交互不仅限于语言的交流，更包括通过各种实践操作来探索和验证所学的理论知识。

在信息科技教育中，“做中学”的实践意义被进一步放大。信息技术的日新月异要求教育不再局限于传统的知识传授，而应更加注重学生实践操作能力和创新思维的培养。这正是“做中学”所能提供的：让学生在动手实践的过程中，将理论知识转化为实际操作能力，进而激发其创新思维

和解决问题的能力。

更重要的是，“做中学”在信息科技教育中的实践，是对新时代人才培养需求的积极回应。在信息技术高速发展的背景下，社会对于具备实践能力和创新精神的人才需求日益迫切。而“做中学”正是通过让学生在操作中学习和掌握知识，不仅加深了他们对理论知识的理解，还锻炼了他们的实际操作能力，为培养新时代所需的信息科技人才奠定了坚实的基础。因此，“做中学”在信息科技教育中的实践，不仅具有深远的理论意义，更具有强烈的现实意义。

2.“做中学”在信息科技教育中的实践案例

（1）案例一：寓教于乐的编程课堂

在某中学的编程课堂上，张老师摒弃了传统的填鸭式教学，而是采纳了“做中学”的教学理念。她引导学生们通过亲身实践，即编写简单的程序，来深刻领会编程的奥妙。

课堂伊始，张老师以浅显易懂的方式，向学生们介绍了编程的基本语法和逻辑结构。随后，她提出了一个富有挑战性的任务：设计一个简易的计算器程序。这个任务立刻引起了学生们的极大兴趣。

在张老师的悉心指导下，学生们纷纷投入到编程的世界中。他们一边思考着计算器的功能逻辑，一边熟练地敲击着键盘，编写着属于自己的代码。每当遇到问题时，他们都会聚在一起，共同探讨解决方案，课堂氛围异常活跃。

经过一段时间的努力，学生们陆续完成了自己的计算器程序。他们兴奋地展示着自己的作品，并互相交流着编程过程中的心得体会。在这个过程中，学生们不仅熟练掌握了编程的基本技能，更重要的是，他们学会了如何将所学知识应用到实际问题中，解决问题的能力得到了显著提升。

为了更直观地了解“做中学”在编程教学中的成效，张老师对学生的学习成果进行了量化分析。结果令人振奋：采用“做中学”教学方法的班级，在编程技能测试中的平均分明显高于传统教学方法的班级。同时，学生们对编程课程的兴趣和参与度也大幅提升，他们更加主动地投入学习中，享受着编程带来的乐趣。

（2）案例二：寓教于乐的硬件探险

在阳光明媚的下午，某小学的信息科技课堂内，气氛异常活跃。今天，老师为学生们准备了一场别开生面的硬件组装与故障排除实践活动。

孩子们兴奋地分成几个小组，每组都获得了一台等待组装的电脑和一些出现故障的设备。他们的眼神中闪烁着对未知的好奇与期待。

“好啦，同学们，”老师微笑着说，“现在，你们就是小小电脑工程师，要亲手组装这台电脑，并找出故障设备中的问题。”

在老师的细致指导下，孩子们开始动手组装电脑。他们小心翼翼地拿起各种硬件，像 CPU、内存条、硬盘等，一边回忆着老师刚才讲解的知识，一边认真地组装。每当遇到困难，他们就会相互讨论，或者向老师请教。

组装完电脑后，孩子们开始尝试解决故障设备中的问题。他们像侦探一样，仔细检查每个硬件，用测试软件查找故障源。每当找到一个问题并解决它时，他们的脸上都会露出胜利的微笑。

通过这次实践活动，孩子们不仅深入了解了电脑硬件的基本结构和工作原理，还学会了如何诊断和排除常见的硬件故障。他们在动手的过程中，感受到了科技的魅力，对信息科技课程的兴趣和热情被极大地激发出来。

活动结束后，老师对孩子们的学习成果进行了问卷调查和测试。结果显示，孩子们对硬件知识的掌握程度有了明显提高，他们对信息科技课程的满意度和自信心也有了显著提升。

这次寓教于乐的硬件探险活动，不仅让孩子们在实践中学习了知识，还锻炼了他们的动手能力和问题解决能力。他们像小小的探险家一样，在信息科技的海洋中勇往直前，探索着未知的奥秘。

3．“做中学”在信息科技教育中的实践效果分析

“做中学”在信息科技教育中的实践，其效果是深远而广泛的。从上述案例中，我们可以窥见其独特的教育价值和影响力。

首先，“做中学”的理念极大地激发了学生的学习兴趣和动力。通过亲身参与和动手实践，学生们能够直观地感受到信息技术的魅力和实用性，这种直观的感受转化为对学科的热爱和追求，成为他们持续学习和探索的强大动力。

其次，“做中学”在培养学生的实践能力和创新精神方面表现出色。在解决实际问题的过程中，学生们不仅锻炼了自己的技能，更在挑战和探索中激发了创新思维。他们学会了如何运用所学知识解决实际问题，这种能力将伴随他们未来的学习和职业生涯，成为他们不断进步的阶梯。

最后，“做中学”还促进了学生团队协作和沟通能力的发展。在实践活动中，学生们需要相互配合，共同解决问题，这不仅锻炼了他们的团队协作能力，也提高了他们的沟通技巧和表达能力。这些技能对于他们未来的社会交往和职业发展同样具有重要意义。

为了更全面、更深入地评估“做中学”在信息科技教育中的实践效果，我们可以从多个维度进行数据分析和总结。例如，通过对比学生成绩的变化，我们可以直观地看到“做中学”对学生学习成绩的积极影响；通过观察学生的课堂表现和课后作业的完成情况，我们可以评估学生的参与度变化情况；通过对教师进行问卷调查或访谈，我们可以了解他们对“做

中学”教学方法的认可度和满意度。这些数据和反馈不仅验证了“做中学”在信息科技教育中的有效性，也为我们进一步优化和完善这种教学方法提供了宝贵的依据。

综上所述，“做中学”在信息科技教育中展现出了显著的实践效果和广泛的应用前景。我们应该充分认识到这种教学方法的价值，积极探索和推广其在信息科技教育中的应用。同时，我们也需要保持开放和创新的态度，不断总结经验教训，持续改进和完善“做中学”的教学理念和方法体系，以更好地适应新时代信息科技人才的需求和发展要求，为学生们提供更加优质、更加全面的教育资源和学习体验。

3.2.2　项目式学习与问题解决导向的教学模式：以项目为引擎，铸就学生解决问题的能力

项目式学习（Project-Based Learning，PBL）不仅仅是一种教学模式，更是一种深刻的教育理念。它以问题解决为轴心，将学生置于学习的中心，使他们在真实、有意义的项目探索中实现深度学习和自我成长。在信息科技教育的领域内，项目式学习赋予了学生实际操作的机会，让他们在团队合作的框架内迎难而上，解决真实的问题，进而锐化其创新思维、批判性思维和问题解决的能力。

1. 项目式学习的理论基石

项目式学习深深植根于建构主义学习理论的肥沃土壤中。这一理论坚持认为，学习并非是被动地接受，而是一个主动的、建构性的心灵旅程。在这个过程中，学生与环境的交互成为知识建构和理解的关键。项目式学

习正是以此为出发点，倡导学生在真实或精心设计的模拟情境中，通过集体智慧和努力，迎接复杂、真实的挑战，以此锤炼他们的各项技能，推动知识的内化和能力的升华。在信息科技教育的广阔天地中，项目式学习闪耀着独特的光芒，其优势不言自明。

首先，它极大地提升了学习的吸引力和动力。当学生面对的是具体、真实的问题时，他们更能够体会到学习的实际价值，这种即时的成就感和实用性无疑会大大增强他们深入探索的内在渴望。

其次，项目式学习是创新思维的摇篮。它鼓励学生跳出传统的思维模式，从不同的角度审视问题，寻找那些独辟蹊径的解决方案。在这种鼓励下，学生的创新思维如同被点燃的火花，迸发出无穷的创造力和想象力。

再次，项目式学习也是培养团队合作精神的绝佳平台。在这里，学生不再是单打独斗的个体，而是需要与其他团队成员紧密合作，携手共进。这种合作不仅锻炼了他们的沟通能力和团队协作精神，更让他们在相互学习和支持中实现了共同成长。

最后，项目式学习促进了知识的整合与应用。学生不再满足于纸上谈兵，而是需要将所学知识真实地运用到问题的解决中去。这种学以致用的过程，不仅加深了他们对知识的理解，更让他们学会了如何将理论与实践相结合，实现了知识的有效转化和应用。

2. 项目式学习在信息科技教育中的实践案例——智能校园导览系统诞生记

在某中学，有一片广阔而美丽的校园。每当新生和家长来到这片充满学术氛围的土地时，他们总是陶醉其中，但复杂的校园布局也经常让他们迷失方向。为了解决这个问题，信息科技课程的张老师萌发了一个想法：为何不让学生们自己动手，打造一款实用的智能校园导览系统呢？

这个想法很快变成了现实。张老师将这个想法分享给全班，立即激起了学生们的极大兴趣。他们被分成几个小组，每组都包含 5~6 名热情洋溢的学生，他们跃跃欲试，准备大显身手。每个小组都选出了一个有担当的组长，他们肩负着带领团队向前的重任。

项目开始后，各小组迅速行动起来。他们像真正的市场调研员一样，穿梭在校园里，通过访谈和问卷调查，认真地收集着新生、家长和教职工对导览系统的期望和建议。这些珍贵的反馈被仔细整理成文档，成了他们设计的宝贵参考。

在充分了解用户需求后，学生们开始着手设计导览系统的功能和界面。他们充分发挥创意，设计出了包含地图展示、定位导航、景点介绍等丰富功能的系统。每个人都为这个项目倾注了心血，期待着它能够为校园导航带来革命性的改变。

接下来是技术开发阶段。学生们利用所学的编程知识，开始了紧张而有序的开发工作。他们像魔法师一样，将一行行代码转化为实用的导览系统原型。在这个过程中，张老师始终陪伴在他们身边，提供着及时的技术支持和指导，帮助他们攻克了一个又一个技术难题。

经过不断地测试和优化，各小组的导览系统逐渐趋于完善。终于，在一天阳光明媚的早晨，各小组在课堂上展示了他们的作品。每个系统都独具特色，充分展现了学生们的创意和实力。他们自豪地向同学们和老师们介绍着自己的作品，虚心接受着来自各方的评价和建议。

这个项目不仅让学生们对校园布局有了更深入的了解，提高了他们的空间认知能力，更重要的是，他们在项目中学会了如何与团队成员紧密合作，共同解决问题。他们的信息科技应用能力也在这次实践中得到了显著提升，尤其是在编程和系统设计方面。这个智能校园导览系统不仅为校园导航带来了便利，更成了学生们团队合作和创新能力培养的见证。

3. 项目式学习的效果评估与数据分析

为了全面而深入地评估项目式学习的实际成效，教师需要运用多元化的评价方式。这些评价方式不仅应涵盖学生的整个学习过程，还要对其学习成果进行细致考量。以下是对案例中所述评估方法的详细扩展与深化。

（1）评估方法

过程性评价的核心在于对学生学习过程中的行为、态度和技能进行全面观察。在项目式学习中，这一评价方式尤为重要，因为它能够实时跟踪学生的学习进展，及时发现并解决学习中遇到的问题。在观察过程中，教师不仅要关注学生的团队合作能力，还要对他们的问题解决能力、技术应用能力、创新思维等多个方面进行考量。为此，教师可以设计一个详尽的评分表，对每个考查点设定明确的标准和权重，以便更客观、公正地对学生的表现进行打分。

成果性评价则是对学生最终提交的项目成果进行质量评估。在智能校园导览系统设计与实现的案例中，成果性评价应着重考虑导览系统的功能完备性、界面设计的美观度、用户体验的流畅性等多个维度。为了确保评价的客观性和全面性，教师可以采用教师评价、同学互评以及真实用户评价相结合的方式。这样不仅能从专业的角度对学生的作品进行点评，还能收集到来自不同用户群体的真实反馈，从而更准确地衡量学生的学习成果。

自我评价是学生对自己在项目中的整体表现进行内省和反思的过程。通过自我评价，学生能够认识到自己在项目中的优点和不足，进而提出针对性的改进建议。这种评价方式不仅能够帮助学生提升自我认知能力，还能培养他们的自主学习和持续改进的习惯。

（2）数据分析的深入解读

在对学生的评价数据进行统计和分析后，教师可以得出更为细致和深入的结论。例如，通过对学生团队合作方面的数据进行剖析，教师可以发现哪些学生在团队中扮演了关键角色，哪些学生在团队协作中还存在提升空间。同样，在问题解决能力方面，教师可以通过对比学生在项目开始和结束时的表现，来量化他们在这一能力上的具体提升幅度。此外，对于技术应用能力的提高，教师可以通过分析学生在编程和系统开发方面的作业和测试成绩，来评估他们的实际进步情况。

综上所述，通过综合运用过程性评价、成果性评价和自我评价等多种评价方式，并结合深入的数据分析，教师能够更全面地掌握学生在项目式学习中的实际表现和学习成效。这不仅有助于教师及时调整教学策略，还能为学生提供更具针对性的学习建议，从而推动整个教学过程的持续优化和提升。

4. 经验总结

项目式学习，作为一种根植于问题解决和实践操作的教学模式，在信息科技教育领域已经展现出了其不可或缺的价值和广阔的应用前景。通过深入剖析实际案例并结合详尽的数据分析，我们可以清晰地看到，项目式学习对于锤炼学生的问题解决能力、培育他们的团队合作精神以及提升技术应用能力，都具有举足轻重的作用。

在这种学习模式下，学生不再是被动的知识接受者，而是转变为积极的问题探索者和解决者。他们通过亲身参与项目的规划、实施与评估，不仅习得了扎实的专业知识，更在团队协作的实践中，锻炼了沟通与协调能力，培养了敢于面对挑战、勇于解决问题的心态。

展望未来，项目式学习在信息科技教育中的应用将愈发广泛而深入。

教师们可以进一步探寻项目式学习与其他先进教学方法的有机融合，例如将其与翻转课堂、在线教育等创新教育模式相结合，从而打破传统课堂的束缚，为学生提供更加多元化、个性化的学习路径。这样的结合不仅能够丰富学生的学习体验，更有助于激发他们的学习兴趣和创造力。

与此同时，随着科技的飞速发展，新兴技术如虚拟现实（VR）、增强现实（AR）等也将为项目式学习注入新的活力。利用这些技术，教师可以为学生构建一个更加真实、生动且富有趣味性的学习环境。在这样的环境中，学生不仅能够更加直观地理解和掌握信息科技知识，还能在模拟的实践场景中，不断提升自己的技术应用能力和问题解决能力。

综上所述，项目式学习在信息科技教育中的潜力巨大，前景广阔。通过不断的创新实践和教育探索，我们有理由相信，项目式学习将成为推动学生全面发展的重要力量，为培养新时代所需的复合型人才提供坚实支撑。

3.2.3 利用虚拟现实、云计算等新兴技术提升教学效果：探索新技术在教学中的应用及其效果

随着科技的飞速发展，新兴技术如虚拟现实（VR）、云计算等逐渐渗透到教育领域，为信息科技教育带来了新的可能性和挑战。这些技术的应用，不仅能够提供沉浸式的学习体验，还能有效提高教学效果，促进学生的深度学习和主动学习。本部分将详细探讨虚拟现实和云计算在信息科技教育中的应用，并结合实际案例与数据进行分析。

1. 虚拟现实在信息科技教育中的应用及其优势解析

（1）虚拟现实（VR）技术的核心特点

虚拟现实（VR）技术，作为当今科技的前沿代表，通过先进的计算机技术为用户构建出一个三维的、高度仿真的虚拟世界。在这个由数字代码编织的环境中，用户不仅能够获得身临其境的沉浸式体验，更能进行实时的交互操作，仿佛真正置身于那个虚拟的世界之中。

在教育领域，尤其是信息科技教育方面，VR 技术展现出了其独特的优势和潜力。首先，它所带来的沉浸式体验是传统教育模式难以比拟的。通过 VR 头盔和相关的交互设备，学生们可以深入到一个由计算机生成的、逼真的三维环境中，这种直观的、全方位的感知方式使得学习过程变得更加生动有趣。无论是探索宇宙的奥秘，还是深入了解人体内部的生理结构，VR 技术都能为学生提供一个近乎真实的、可交互的学习环境。

其次，VR 技术的交互性也是其独特的魅力所在。在传统的教育模式中，学生往往是被动地接受知识。但在 VR 技术的帮助下，学生们可以主动参与到虚拟环境中，与虚拟对象进行实时的互动。这种交互性不仅增强了学习的趣味性，还能帮助学生更好地理解和掌握所学内容。

最后，安全性是 VR 技术在教育中的又一大亮点。在进行一些高风险或难以在实际环境中进行的实验时，VR 技术可以提供一个安全的、可控的虚拟实验环境。学生们可以在这个环境中尽情地进行探索和操作，而无需担心真实实验中可能出现的安全问题。这不仅降低了实验的风险和成本，还为学生们提供了一个更加自由和广阔的实践平台。

总的来说，虚拟现实技术在信息科技教育中展现出了巨大的应用潜力和价值。它通过提供沉浸式体验、强交互性以及高度的安全性，为学生们创造了一个全新的、高效的学习环境。随着技术的不断进步和应用场景的不断拓展，我们有理由相信，VR 技术将在未来的教育领域中发挥更加重要的作用。

（2）虚拟现实在信息科技教育中的应用案例

某市实验中学走在了教育科技的前沿，他们在信息科技课程中巧妙地引入了 VR 技术，这一创新举措极大地丰富了计算机网络和硬件组成的教学内容。

想象一下，学生们充满期待地戴上 VR 眼镜，立刻被带入一个逼真的虚拟环境中。在这里，他们仿佛置身于一个充满高科技氛围的计算机组装工厂，周围摆放着各式各样的计算机部件，等待他们去探索和组装。

课前，教师们精心准备，根据教学目标和内容挑选了最适合的 VR 软件和硬件资源。他们反复调试设备，确保每一个细节都能给学生带来最佳的学习体验。

课堂上，学生们佩戴着 VR 眼镜，仿佛穿越了时空，进入了一个全新的虚拟世界。在这个世界里，他们不再是被动的听众，而是成了计算机组装的“工程师”。在教师的细心引导下，学生们亲手操作着虚拟工具，一步步将计算机的各个部件组装在一起。他们小心翼翼地拿起 CPU、内存条、硬盘等部件，按照正确的步骤和方法将它们安装到主板上。这个过程不仅考验了他们的动手能力，还锻炼了他们的空间思维能力。

课后，学生们通过 VR 设备提交了他们的“作品”，教师们则根据学生们的操作情况进行了细致的点评和反馈。这种新颖的教学方式不仅让学生们对计算机硬件有了更深入的了解，还激发了他们对信息科技课程的浓厚兴趣。

自从引入了 VR 技术后，学生们对计算机硬件的认识更加深入了。他们现在能够准确地识别并描述出各个部件的功能和作用。同时，他们的动手能力和空间思维能力也得到了显著的提升。课堂上，学生们的参与度明显提高，他们争先恐后地举手发言，分享自己的组装心得和体验。信息科技课程变得更加生动有趣，成了学生们最喜爱的课程之一。

（3）虚拟现实技术应用成效的深度数据分析

随着虚拟现实（VR）技术在信息科技教育中的引入，我们对学生成绩和学习态度的数据进行了深入分析和对比。这一技术的融入，不仅为学生带来了前所未有的学习体验，更在潜移默化中提升了他们的学业表现和学习热情。

首先，从学业成绩的角度看，VR 技术的引入带来了显著的正面效应。通过对比引入 VR 技术前后的学生成绩，我们可以清晰地观察到，学生的平均成绩显著提升。这一提升并非偶然，而是 VR 技术辅助教学后，学生对计算机硬件和网络方面的知识点掌握得更加深入和牢固的体现。VR 技术的沉浸式学习体验，使得抽象、复杂的知识点变得直观、生动，从而帮助学生更好地理解和记忆。

其次，VR 技术对学生学习态度的改善也起到了积极的推动作用。通过问卷调查和课堂观察，我们发现学生对信息科技课程的满意度在引入 VR 技术后提高了 18%。学生们更加享受学习过程，对课程内容的兴趣和好奇心也随之增强。这一变化不仅体现在课堂参与度的提升上，还表现在学生更愿意主动参与课堂讨论和实验操作中。VR 技术的交互性和沉浸感，让学生在学习过程中找到了乐趣和动力，从而激发了他们的学习积极性和自主性。

综上所述，虚拟现实技术在信息科技教育中的应用，不仅有效提升了学生的学业成绩，更在无形中改善了他们的学习态度。这一技术的引入，为教育领域带来了新的可能性和挑战，也为我们进一步探索和创新教育模式提供了有力的支持。

2. 云计算在信息科技教育中的广泛应用及其优势

（1）云计算技术的核心特点与优势

云计算作为一种基于互联网的新型计算模式，正逐渐渗透到各行各业，特别是在教育领域，其展现出了显著的优势。云计算的核心在于它能够集中大量的计算资源、存储资源和各种应用程序于远程的数据中心，然后通过网络为用户提供便捷、高效的服务。

首先，云计算在教育领域中的最大亮点便是资源共享。传统的教育模式往往受限于地域、学校和设备，而云计算技术打破了这些限制。通过云平台，各种教育资源如课件、视频、教学资料等可以轻松实现共享，使得不同地区、不同学校的学生都能获得优质的教育资源。同时，教师之间也可以进行协同工作，共同完善和优化教学内容，从而大大提高资源的利用效率。

其次，云计算服务的灵活性也是其被教育领域所青睐的原因之一。随着教育信息化的推进，学校对于计算资源的需求日益增加。云计算服务能够根据用户的实际需求进行弹性扩展，无论是需要增加存储空间、提高计算能力，还是添加新的应用程序，都可以通过云平台快速、灵活地实现。这种灵活性使得学校能够轻松应对各种教学场景，满足不断变化的教育需求。

最后，云计算技术的引入还大大降低了教育信息化的成本。在传统的教育模式下，学校需要投入大量的资金购买和维护硬件设备，这不仅增加了学校的经济负担，还可能因为设备更新换代的速度过快而造成资源的浪费。而云计算技术则使得学校无需购买和维护大量的硬件设备，只需要通过网络连接到云平台，就可以享受到高品质的计算和存储服务。这无疑为学校节省了大量的资金，使得更多的资源可以投入教学质量的提升和教育创新中去。

综上所述，云计算技术在信息科技教育中的应用不仅实现了教育资源的共享和协同工作，提高了资源的利用效率，还以其强大的灵活性和降低成本的优势，为教育领域带来了新的发展机遇。

（2）云计算在信息科技教育中的应用案例

某省重点中学，素以其先进的教育理念和创新的教学手段著称，近期他们在信息科技教育中又迈出了一大步——引入了云计算平台来支持学生的编程学习和项目开发。

想象一下，在这个充满活力的中学校园里，学生们不再局限于传统的计算机教室，而是可以随时随地，通过任何联网的设备接入到云计算平台中。这个平台不仅为学生们提供了丰富的编程教学资源，还配备了完整的在线项目开发环境，仿佛为学生们打开了一个全新的数字世界。

在平台的搭建过程中，学校与云计算服务提供商紧密合作，精心挑选并整合了一系列优质的编程教学资源和项目开发工具。这些资源不仅涵盖了基础的编程知识和技巧，还包括了实际项目开发的流程和注意事项，为学生们提供了一个全方位、立体化的学习环境。

在课堂上，教师们熟练地引导学生们使用这个平台。学生们兴致勃勃地投入编程实践中，他们在云端编写代码、调试程序，感受到了前所未有的便捷和高效。而且，这个平台还支持多人协作，让学生们在编程的过程中学会了团队协作和沟通，这对于他们未来的职业生涯无疑是一笔宝贵的财富。

当学生们在云计算平台上完成了自己的编程项目后，他们还可以进行在线展示和评价。这不仅让学生们有机会与其他同学分享自己的学习成果，还激发了他们的竞争意识和创新精神。在这个平台上，每一个学生都有机会成为“编程小达人”，展示自己的才华和创意。

自从引入了云计算平台后，学生们的编程能力和团队协作能力得到了显著提升。他们通过这个平台积累了丰富的项目开发经验，不仅增强了自己的实践能力，还为未来的职业发展打下了坚实的基础。更重要的是，学生们对信息科技课程的兴趣和参与度也明显提高，他们更加热爱编程，更加享受在云端创造的过程。

（3）云计算技术应用成效的深度数据分析

随着云计算平台在教育领域的引入，我们对学生学习情况和项目开发成果进行了深入的数据分析和对比。通过对比引入云计算平台前后的各项数据，我们可以清晰地观察到云计算技术对教育教学的积极影响。

首先，云计算平台的引入显著提高了学生的学习效率。在云计算平台上进行编程学习和项目开发，学生们能够随时随地访问所需资源和工具，无需担心设备配置或软件安装问题。这种无缝的学习体验使得学生们能够更加专注于编程本身，减少了不必要的时间浪费。数据显示，学生们在云计算平台上进行学习和开发的时间明显缩短，而学习效率则显著提高。

其次，云计算平台对学生完成的编程项目质量产生了积极影响。平台提供的丰富资源和高效工具使得学生们能够更加便捷地进行项目开发，同时，云计算的弹性扩展能力也为学生们提供了更大的创新空间。这些因素共同作用，导致学生们完成的编程项目质量明显提升。从代码规范性、创新性以及项目实用性等多个方面来看，学生们的表现都呈现出显著的进步。根据对项目成果的量化评估，我们发现学生的项目得分平均提高了12%，这一数据充分证明了云计算平台在提升学生项目开发能力方面的有效性。

最后，云计算平台还为学生提供了海量的编程资源和在线开发工具，极大地丰富了学生的学习选择。这些资源和工具不仅涵盖了基础的编程知识和技巧，还包括了前沿的技术动态和行业趋势，使得学生们能够在更广阔的视野下进行学习和探索。调查显示，学生对学习资源的满意度明显提高，他们普遍认为云计算平台为他们的学习带来了极大的便利和收益。

综上所述，云计算技术在信息科技教育中的应用不仅提高了学生的学习效率，还提升了他们的项目开发能力，并为学生提供了更加丰富多样的学习资源。这些显著变化充分证明了云计算技术在教育领域的应用价值和广阔前景。

3. 从实践到洞察：新兴技术在信息科技教育中的经验与展望

通过之前深入的分析和生动的案例展示，我们深刻地领略到了虚拟现实、云计算等新兴技术在信息科技教育中所蕴藏的无限可能性和巨大潜力。这些技术不仅为学生带来了前所未有的沉浸式、交互式学习体验，更重要的是，它们在很大程度上优化了教学方法、提升了教学效果，并显著提高了学生的学习效率。

首先，这些新兴技术为学生创造了一个更加真实、生动的学习环境。虚拟现实技术能够模拟出逼真的场景，使学生在进行学习时仿佛身临其境，这种学习方式无疑比传统的课堂教学更加吸引人，也更能激发学生的学习兴趣和动力。

其次，云计算等技术为教育资源的共享和高效利用提供了强大的支持。通过云平台，优质的教育资源可以轻松地实现跨地域、跨学校的共享，这不仅有助于缩小教育资源的差距，还能让更多的学生享受到高质量的教育。

展望未来，我们有理由相信，这些新兴技术将在教育领域发挥出更大的作用。随着技术的不断进步和成本的降低，远程教育、个性化学习等更多创新的教育模式将成为可能。例如，通过云计算和大数据技术，我们可以为每个学生量身定制一套适合自己的学习方案，真正实现因材施教的教育理念。

然而，任何技术的应用都是一把双刃剑。在欣赏新技术带来的种种便利和优势的同时，我们也必须警惕其中可能存在的问题和挑战。设备的成本、教师的技术培训、学生的隐私保护等都是需要我们认真考虑和解决的问题。只有这样，我们才能确保这些新兴技术能够真正地服务于教育事业，为培养更多优秀人才贡献力量。

3.3 信息科技教育评价体系改革与实践

3.3.1 过程性评价与形成性评价的应用

在信息科技教育中，传统的终结性评价方式往往只注重学生的最终学习成果，而忽视了学生在学习过程中的努力和进步。为了更全面地评价学生的学习情况，并促进学生的全面发展，过程性评价与形成性评价的应用显得尤为重要。这两种评价方式关注学生的学习过程，旨在提供及时的反馈，帮助学生了解自己的学习情况，调整学习策略，并激励学生不断进步。

1. 过程性评价的深度实施与意义解析

过程性评价，作为一种先进且人性化的评价方式，其核心在于对学生学习全过程的细致观察和全面评估。它不仅仅局限于对学习成果的考量，更着眼于学生在学习过程中所展现出的实际能力、积极态度和不懈努力。

在信息科技课程中，这种评价方式显得尤为重要，因为它能更真实地反映学生的综合技能掌握情况和学习态度。

在信息科技课堂上，教师可以通过多种方式来进行过程性评价。例如，深入观察学生在课堂上的实时表现，可以了解到他们对知识点的掌握情况和应用能力；通过学生参与课堂讨论的积极性，可以洞察他们的思维活跃度和团队合作意识；此外，追踪学生完成任务的进度和中间成果，也是评估他们学习效率和执行能力的重要手段。

以编程项目为例，当教师布置一个设计小游戏的编程任务时，过程性评价的实施就显得尤为关键。教师不仅需要关注学生的最终游戏成品，更要深入挖掘学生在编程过程中的逻辑思维发展、团队协作能力展现，以及他们面对问题时如何灵活应对和解决。为了更全面、客观地了解学生的学习状况，教师还可以采用学生自评和互评的方式，这样不仅能提升学生的自我反思能力，还能促进他们之间的相互学习和共同进步。

通过实施过程性评价，教育界已经观察到显著的积极影响。学生在课堂上的参与度有了显著提升，他们更加积极地投入学习活动中，编程项目的完成质量也随之大幅度提升。更重要的是，学生开始转变学习态度，他们不再仅仅关注最终的分数，而是更加重视在学习过程中获得的知识积累、技能提升和个人成长。这种评价方式的实施，无疑为培养全面发展、具备终身学习能力的学生奠定了坚实的基础。

2. 形成性评价在信息科技教育中的深入实践与理论探讨

形成性评价，作为一种持续进行的教学评价方式，其核心目的在于实时捕捉学生的学习状态，及时发现潜在问题，并进行有针对性的教学调整。在信息科技教育领域，这种评价方式的价值尤为突出，因为它能帮助学生随时掌握自己的学习进度和知识理解程度，从而灵活调整学习策略，优化学习效果。

在信息科技的教学过程中，形成性评价的实践不仅限于传统的笔试或实操测试。以小学阶段的信息科技启蒙课程为例，教师可以在每个教学单元结束后，通过设计包含理论知识和实际操作能力考查的小测试，来精准把握学生对本单元核心概念和技能的掌握情况。这种测试的及时性和针对性，使得教师和学生都能迅速得到反馈，明确下一步的教学和学习重点。

除了教师的评价外，形成性评价还鼓励学生进行自我评价和反思。这一过程中，学生能主动审视自己的学习轨迹，识别出个人在学习过程中的强项和弱项，从而更清晰地认识到自己的学习进步和需改进之处。这种自我认知的提升，对于培养学生的自主学习能力和终身学习习惯至关重要。

形成性评价的实践意义不仅在于提高学生的学习效果，更在于它促进了教与学的动态互动。教师可以根据评价结果灵活调整教学内容和方法，特别是针对学生的薄弱环节进行重点讲解和额外练习，确保每一位学生都能在适合自己的学习节奏中获得成长。

综合来看，形成性评价在信息科技教育中的深入实践，不仅提升了教学质量，也增强了学生的学习动力和自主学习能力。数据和研究显示，实施形成性评价后，学生的知识掌握更为扎实，学习成绩有显著的提升，这也进一步证明了形成性评价在现代教育中的不可或缺的地位。

3. 多元化评价方式的交融与应用深度解析

在信息科技教育的广阔领域中，过程性评价与形成性评价并非孤立存在，而是可以和谐共生、互为补充的。当这两种评价方式相互结合时，它们能够共同构建一个更加全面、深入的学生学习画像，从而帮助教师提供更精准、个性化的教学指导。

以高中阶段的信息科技课程体系为例，教师可以通过巧妙地融合过程性评价和形成性评价，来实施多元化的评价策略。这种策略不仅涵盖了传统的笔试和机试，以检验学生的知识掌握和应用能力，而且还引入了更为创新和开放的评价形式。例如，作品集评价可以深入展现学生在一段时间内的技能进步和创意发展；口头报告则能有效评估学生的沟通表达能力及对知识的深入理解；团队协作项目则着重考查学生在集体中的角色扮演和合作精神。

这些多元化的评价方式，每一个都从不同的角度揭示了学生的学习状况，不仅反映了他们在知识层面的掌握情况，更重要的是展现出了他们在创新能力、沟通技巧、团队协作精神等多方面的素养。这样的评价方式让学生有机会在学习过程中展现出自己的独特之处，也让教师能够更精准地识别每个学生的优势和需要改进的地方。

多元化评价方式的结合应用，不仅提升了评价的全面性和准确性，更在无形中激励着学生更积极地投入学习中。学生开始意识到，学习不仅仅是为了考试，更重要的是为了发掘和培养自己的多方面能力。因此，他们会更加乐于探索、勇于创新，从而实现真正的个性化发展。

综上所述，多元化评价方式的交融与应用，是现代教育体系中不可或缺的一环。它不仅帮助教师更精确地评估学生的学习成效和发展潜能，还极大地促进了学生学习的积极性与主动性，为他们的全面发展奠定了坚实的基础。

4. 实践效果深度分析与反思

在信息科技教育领域，通过实施多元化的评价方式，我们观察到了显著且积极的效果。学生的学习热情被大大激发，他们更加主动地参与到课堂互动中，课堂氛围因此变得更加活跃与开放。这种改变不仅提升了学生对于信息科技学科的兴趣，还培养了他们的自主学习能力。

同时，从教师的角度来看，多元化的评价方式提供了一个更为全面的视角来观察和评估学生的学习状况。这使得教师能够更准确地把握每个学生的学习进度、特点和需求，从而为他们量身打造个性化的教学方案，有针对性地提升教学质量。

然而，每一种教学方法都有其两面性。在实施多元化评价的过程中，我们也面临了一些问题和挑战。首先，这种评价方式需要教师投入比传统评价方式更多的时间和精力进行精心的设计和实施，这无疑增加了教师的工作负担。其次，如何合理地分配和权衡各种评价方式之间的比重，以确保评价结果的公正性和准确性，也是一个需要细致考虑的问题。此外，学生的个体差异、课程目标的具体要求等因素都会影响到评价方式的选择和运用。

为了不断优化和完善多元化评价体系，我们可以从以下 3 个方面进行改进。

（1）增强学习过程的观察和记录

教师应该更加细致地观察和记录学生在学习过程中的各种表现，这样才能确保过程性评价和形成性评价的准确性和公正性。

（2）优化评价工具的设计

高效、科学的评价工具可以大大提高评价的效率和准确性。我们应该不断探索和创新，设计出更符合学生实际、更能真实反映学生学习状况的评价工具。

（3）加强与各方的沟通与合作

教育不仅仅是学校和教师的事情，还需要家长、社会等各方的共同参与。我们应该加强与家长和其他教师的沟通与合作，形成一个良好的教育合力，共同促进学生的全面发展。

综上所述，在信息科技教育中实施多元化的评价方式具有重要意义。

通过结合过程性评价与形成性评价的应用实践案例以及相关数据分析结果来看这种评价方式不仅能够更全面地了解学生的学习情况还能够促进学生的全面发展提高教学质量和效果因此值得在中小学信息科技教育中广泛推广和应用。

3.3.2 知识技能与创新能力并重的评价指标构建

在信息科技教育中，构建一个既重视知识技能，又注重创新能力的综合评价指标体系，是促进学生全面发展、适应社会需求的重要举措。传统的信息科技教育评价往往偏重于对知识点的考核，而忽视了学生的创新能力、问题解决能力等方面的评价。因此，我们需要构建一个更加全面、科学的评价指标体系，以全面反映学生的学习成果和发展潜力。

1. 知识技能评价指标的构建

知识技能作为信息科技教育的基石，对学生未来的成长和创新具有不可替代的作用。因此，在综合评价指标体系中，知识技能的评价是不可或缺的一环。具体来说，知识技能评价指标的构建应涵盖以下关键方面。

（1）基础知识的深度和广度

这一指标主要考查学生对信息科技核心概念的掌握情况，包括但不限于计算机基础理论、编程语言的基础知识等。评价时，可以通过笔试、选择题、简答题等多种形式，全面检测学生对知识点的理解和记忆。

（2）操作技能的实践与应用

操作技能的评价旨在检验学生将理论知识转化为实际操作的能力。这包括但不限于软件操作的熟练度、编程任务的完成度等。实操考试、作品提交或项目完成报告等方式，都是有效的评价手段。通过这些实际操作的评价，可以更直观地看到学生的技能水平和应用能力。

为了更精确地评估学生的知识技能，我们还可以引入量化评分和详细反馈机制。例如，通过设定明确的评分标准，对学生的每一项技能进行打分，同时提供具体的改进建议，帮助学生明确自己的不足和提升方向。

此外，知识技能评价不应仅是一次性的活动，而应贯穿于学生的学习过程中。通过定期的形成性评价和终结性评价相结合，教师可以及时发现问题，调整教学策略，从而更有效地提升学生的知识技能水平。

综上所述，知识技能评价指标的构建是一个多维度、全方位的过程，它不仅关注学生的知识储备，还重视学生的技能应用和实践能力。通过这样的评价体系，我们可以更全面地了解学生的学习状况，为他们提供更具针对性的教育和指导。

2. 创新能力评价指标的构建

在信息科技教育的广阔天地中，培养学生的创新能力已然成为教育的核心目标之一。创新能力不仅关乎学生个人的未来发展，更是推动社会科技进步的重要力量。因此，在构建综合评价指标体系时，对创新能力的深入考量显得尤为重要。具体来说，创新能力评价指标的构建应当细致入微地涵盖以下 3 个方面。

（1）创新思维能力的深度评估

这一指标主要着眼于学生是否具备独立思考和深入解决问题的能力。它涉及学生在面对复杂问题时，能否跳出传统框架，提出新颖、有深度的观点和解决方案。评价时，可以通过问题解决、项目设计等具有挑战性的任务来全面观察学生的思维活跃度和创新性。

（2）创新实践能力的全面观察

创新实践能力评价的是学生将创新思维转化为具体行动的能力。这不仅包括学生的动手实践能力，还涉及他们能否将创新思维物化，创作出具有实际意义的作品或项目。评价时，应综合考虑学生提交的创新作品、项目成果等，从中洞察其实践能力和创新精神的融合程度。

（3）创新能力评价的重要性不言而喻

在信息科技日新月异的今天，一个学生的创新能力往往决定了其在未来职场中的竞争力和适应力。因此，在教育中注重创新能力的培养，并通过科学的评价指标来量化和提升这种能力，对于学生的全面发展具有深远的意义。

此外，创新能力评价不应仅停留在作品的成果上，更应关注学生的创新过程和思维方式。通过定期的形成性评价和终结性评价相结合，教师可以及时发现学生在创新思维和实践能力上的不足，从而提供有针对性的指导和帮助。

综上所述，创新能力评价指标的构建是一个多维度、深入细致的过程，它不仅关注学生的创新成果，还深入挖掘学生的创新思维和实践能力。通过这样的评价体系，我们可以更全面地激发学生的创新潜能，为培养新时代的创新型人才奠定坚实的基础。

3. 综合评价指标体系的构建与应用

在深入理解了知识技能与创新能力的评价指标之后，我们必须思考如何将这些看似独立的指标巧妙地整合到一个综合的评价指标体系中去。这一体系不仅要能全面而精准地映射出学生的学习成效与发展潜能，还要能为教师的教学策略提供明确、有力的指引。具体来说，一个完善的综合评价指标体系应当细分为以下 3 个关键组成部分。

（1）知识技能评价子体系

知识技能评价子体系是综合评价指标体系中的核心组成部分，它专注于深入评估学生的基础知识和操作技能。这一子体系所涵盖的内容广泛而深入，不仅触及计算机基础、编程语言掌握情况等关键知识点，更对学生的软件操作熟练度、编程实践能力等重要技能进行了全面而详尽的考查。

为了更准确地衡量学生的知识技能水平，该子体系采用了多元化的评价方法。笔试是一种基础而有效的考核方式，它能够全面检测学生对基础知识的掌握情况，如理论知识的理解和记忆程度。机试则更进一步，它不仅考查学生的理论知识，还检验学生将理论知识应用于实际操作的能力。而实操考核则是最为直观和实际的评价方式，通过让学生动手实践，完成具体的任务或项目，来真实反映他们的操作技能和解决实际问题的能力。

这些多元化的评价方法相互补充，共同构成了一个全面、立体的知识技能评价体系。它们能够从不同角度、不同层面对学生的知识技能进行全方位的考核，从而确保评价结果的客观性、准确性和全面性。通过这样的评价体系，我们可以更深入地了解学生的知识技能水平，发现他们的优点和不足，为他们提供更具针对性的教育引导，促进他们的全面发展。同时，这也为教师提供了有力的教学反馈，帮助教师及时调整教学策略，提高教学质量，实现教育目标。

（2）创新能力评价子体系

与知识技能评价子体系形成互补，创新能力评价子体系在综合评价指标体系中占据着举足轻重的地位。这一体系的核心目标，是深入探索和精准评估学生的创新思维和实践能力。它不仅关注学生的独立思考能力和问题解决能力，更致力于挖掘学生将创新思维转化为具体实践成果的能力。

在创新能力评价子体系中，我们重视学生的独立思考能力，这是创新思维的基石。通过评估学生在面对新问题时如何独立思考、提出新颖观点，我们能够洞察他们的思维活跃度和创造性。同时，问题解决能力也是这一体系考查的重点，它体现了学生将创新思维应用于实际问题的能力，是创新能力的重要体现。

更为关键的是，我们还深入探索学生将创新思维转化为实际成果的能力。这不仅仅是理论上的创新，更是实践中的创新。通过项目设计、创新作品提交等多种方式，我们能够观察到学生如何将创新思维转化为具体的实践成果，这是对他们创新能力的最直接、最有力的证明。

这一体系通过多种评价方式和手段，如项目报告、作品展示、口头陈述等，全面、深入地评估学生的创新能力。它不仅关注学生的创新思维，更重视他们的创新实践，从而更全面地反映学生的创新素养和实践能力。通过这样的评价体系，我们能够更准确地识别和培养具有创新精神和实践能力的学生，为他们未来的学术和职业发展奠定坚实基础。

（3）综合评价结果的整合与分析

在分别对学生进行了知识技能和创新能力的详尽评价之后，接下来的关键步骤便是对这些宝贵的评价数据进行深入细致的整合与分析。这一环节的重要性不言而喻，它不仅关乎对学生学习成果的全面、客观反馈，更是教师调整教学策略、优化辅导计划的重要依据。

整合阶段，我们需要将知识技能评价和创新能力评价的结果进行巧妙地融合。这不仅仅是简单的数据叠加，而是要通过科学的方法，将这两方面的数据有机地结合在一起，从而形成一个更为完整、全面的学生学习成果画像。这一过程中，我们需要确保数据的准确性和一致性，以便为后续的分析提供坚实的基础。

分析阶段，我们要深入挖掘整合后的数据，探寻其中的规律和趋势。这不仅包括对学生在各个学习领域的表现进行细致剖析，更要通过横向和纵向的对比，发现学生的学习特点和潜在问题。通过这样的分析，我们可以更清晰地看到学生在知识技能和创新能力方面的优势和短板，从而为教师提供更为精准的教学参考。

最终，这一综合评价结果将成为教师制定教学策略和辅导计划的重要依据。教师可以根据学生的实际情况，对教学内容和方法进行有针对性的调整，从而更好地满足学生的学习需求，提升他们的学习效果。同时，这一结果也可以作为学生自我反思和改进的重要参考，帮助他们更清晰地认识自己的学习状况，明确未来的学习方向和目标。

综合评价指标体系的构建并非一蹴而就，它需要我们在实践中不断地调整与优化，确保其始终能够紧跟教育发展的步伐，真实、客观地反映学生的学习状况。通过这样的体系，我们不仅可以为每一位学生提供更为精准、个性化的教育服务，还能为整个信息科技教育领域的持续发展注入新的活力。

综上所述，构建一个既包括知识技能又注重创新能力的综合评价指标体系对于信息科技教育至关重要。通过这个体系的应用实践我们发现它能够全面反映学生的学习成果和发展潜力为教师的教学提供有力支持同时也能够促进学生的全面发展以适应社会需求。在未来的信息科技教育中我们应该进一步完善这个体系以更好地服务于学生的学习和发展。

3.3.3　多元化、智能化评价工具的开发与使用

在信息科技教育评价体系的不断革新中，利用现代技术手段开发智能化的评价工具显得愈发重要。这种智能化评价工具不仅提升了评价的准确性和效率，还为学生和教师提供了更加便捷、高效的评估与反馈机制。

1. 多元化评价工具的开发

（1）多元化评价工具的核心价值

在信息科技教育领域，多元化评价工具的开发和应用已经超越了单纯的评价功能，它被视为推动教育评价体系改革和创新的重要引擎。其核心价值不仅仅局限于对学生学习成效的全面评估，更在于它为学生和教师构建了一个实时、动态、精准的反馈系统。

首先，多元化评价工具能够更全面地揭示学生的学习成效。传统评价方式往往侧重于单一的考试成绩，而多元化评价工具则能从多个维度、多个角度来衡量学生的学习成果，包括知识掌握、技能应用、创新思维等多个方面。这为学生提供了一个更为全面、客观的自我评价视角，也帮助教师更准确地了解每个学生的学习状况。

其次，多元化评价工具具有实时性和精准性的特点。通过在线测试系统、学习管理系统等现代技术手段，可以即时捕捉学生的学习进度和状态，为教师提供实时的数据支持和反馈。这种即时反馈机制使得教师和学生都能根据当前的学习情况及时调整教学策略和学习计划，从而实现更高效的知识传授和能力培养。

最后，多元化评价工具的核心价值还在于它推动了教育评价体系的创新和发展。随着信息技术的不断进步和教育理念的不断更新，多元化评价工具也在不断演进和完善。它不仅为学生和教师提供了更便捷、更高效的评价手段，还为整个教育体系的持续改进和优化注入了新的动力。

综上所述，多元化评价工具的开发和应用在信息科技教育领域中具有深远的意义。它不仅提升了评价的全面性和准确性，还通过实时反馈机制促进了教与学的有效互动，为学生的全面发展和教育体系的持续创新提供了有力的支持。

（2）多元化评价工具的多样性与设计准则

多元化评价工具以其丰富多样的形式和功能，满足了不同学习领域的评价需求。这些工具包括但不限于在线测试系统、编程作业的自动评分系统、学生作品的在线展示与评价平台等，每一种工具都针对特定的评价目标和内容进行了精心设计。

在线测试系统通过其强大的题库资源和智能组卷功能，能够为每位学生量身打造独特的测试试卷。这种个性化的评价方式不仅体现了评价的灵活性和针对性，也更能真实反映学生的学习水平。而编程作业的自动评分系统，则以其高效、准确的评分机制，赢得了广大师生的青睐。该系统通过智能识别和评判学生编程作业的正确性、执行效率和创新性，为教师和学生提供了客观、公正的评分和反馈，极大地提升了编程教育的评价效率和准确性。

然而，这些多元化评价工具的设计并非随心所欲，而是必须严格遵循一系列核心原则。科学性、客观性、公正性和可操作性是这些工具设计的基石。科学性保证了评价工具能够真实、准确地反映学生的学习情况；客观性确保了评价结果的公正无私，避免了主观偏见的影响；公正性则要求评价工具对所有学生一视同仁，不偏不倚；可操作性则强调评价工具应易于使用和理解，方便教师和学生快速上手。

这些设计准则的遵循，不仅确保了评价工具的实用性和有效性，更提升了最终评价结果的精确性和可信度。精确的评价结果能够真实反映学生的学习状况，为教师的教学策略提供有力支持，同时也为学生提供了明确的反馈和指导，帮助他们更好地规划自己的学习路径。

总的来说，多元化评价工具的多样性和设计准则的遵循，共同构成了现代信息科技教育评价体系的重要组成部分。这些工具以其独特的优势和功能，推动着教育评价的革新和发展，为学生的全面发展和教育质量的提升注入了新的活力。

2. 智能化评价工具的使用

（1）智能化评价工具的优势

智能化评价工具作为现代教育技术的杰出代表，其融合了大数据与人工智能的先进理念，为教育领域带来了革命性的变革。这类工具的优势显而易见，它们能够深入剖析学生的学习轨迹，提供比传统方法更为精确的评价。

首先，智能化评价工具通过大数据技术，能够收集并分析学生在学习过程中产生的海量数据。这些数据不仅包括学生的答题记录、学习时长等基本信息，还能追踪学生的学习路径、习惯以及偏好。通过对这些数据的深度挖掘，工具能够更全面地揭示学生的学习特点和潜在问题。

其次，这些工具结合了人工智能技术，特别是机器学习和深度学习算法，来识别学生的学习模式和趋势。这使得评价不再仅仅基于单一的考试成绩，而是能够综合考虑学生的多个方面，如学习态度、进步速度、知识点掌握情况等，从而给出更为全面和客观的评价。

再次，智能化评价工具还能为教师提供宝贵的个性化教学建议。通过对学生的学习数据进行分析，工具能够识别出每个学生的学习需求和挑战，进而为教师提供针对性的教学策略和辅导方案。这不仅有助于提升教学质量，还能确保每个学生都能得到适合自己的教育资源和关注。

最后，对于学生而言，这些工具也能帮助他们找到最适合自己的学习方法和路径。通过反馈学生的学习表现和进步情况，工具能够引导学生进行自我反思和调整，从而更有效地提升自己的学习效果。

综上所述，智能化评价工具以其独特的优势，为现代教育评价带来了新的视角和方法。它们不仅提高了评价的准确性和效率，还为教师和学生提供了更为个性化和科学化的教学和学习支持。

（2）智能化评价工具的实践应用

随着教育技术的不断进步，智能化评价工具已经在实际教学中扮演着日益重要的角色。这些工具不再仅仅是理论上的构想，而是已经深入到课堂之中，为教师和学生提供了实质性的帮助。

智能化评价工具的实践应用体现在多个方面。它们能够根据学生的学习数据和成绩变化，智能地推荐适合学生的学习资源和练习题。这种个性化的推荐机制确保了每个学生都能获得与其学习水平和需求相匹配的教学资料，从而大大提高了学习效率。

除了为学生提供个性化的学习资源外，智能化评价工具还能为教师提供详尽的学生学习分析报告。这些报告基于大量的学习数据，经过深度分析后，能够精准地反映学生的学习状况、进步速度以及可能存在的困难。教师通过这些报告，可以更加清晰地了解每个学生的具体情况，进而调整教学策略，提供更有针对性的指导和帮助。

智能化评价工具的实践应用不仅提升了教学效果，还促进了教育的公平性和个性化。它们让每个学生都能获得适合自己的教育资源和关注，有助于缩小学生之间的差距，实现教育的均衡发展。

总的来说，智能化评价工具在实践中的应用已经取得了显著的成效。它们通过精准的数据分析和个性化的学习资源推荐，为教师和学生提供了强大的支持，推动了教育的创新和进步。未来，随着技术的进一步发展，智能化评价工具将在教育领域发挥更加重要的作用。

3. 提高评价的准确性和效率

（1）准确性提升策略

在追求教育评价的准确性方面，我们必须采取一系列精细化的策略。

首先，增加评价样本量是一个基础而重要的步骤。通过扩大评价范围，涵盖更多的学生和更多的学习活动，我们可以获取更丰富、更具代表性的数据，从而更准确地反映学生的实际水平和能力。

其次，优化评价算法也是提高准确性的关键。随着技术的发展，我们可以运用先进的数学模型和算法，对学生数据进行深度挖掘和分析。这些算法能够更精确地捕捉学生的学习特征，减少人为干扰和主观判断，使评价结果更为客观和准确。

最后，引入专家评价能够为我们提供更专业的视角和判断。教育专家、学科专家等具有丰富的教育理论和实践经验，他们的评价能够为我们提供宝贵的参考和补充，有助于我们更全面地理解学生的学习状况和发展潜力。

同时，利用大数据技术对学生的学习过程进行全方位、多维度的分析，已经成为提高评价准确性的重要手段。大数据技术能够处理海量的学生数据，包括学习成绩、学习时长、学习路径等多个方面。通过对这些数据的综合分析，我们可以更深入地了解学生的学习习惯、学习态度和学习效果，从而更准确地评价学生的学习成果和潜力。

综上所述，通过增加评价样本量、优化评价算法、引入专家评价以及利用大数据技术进行全方位分析，我们可以显著提高教育评价的准确性。这不仅有助于我们更全面地了解学生的学习状况，还能为教育决策提供更有力的支持，推动教育的持续改进和优化。

（2）效率提升方法

在提升评价效率方面，实现评价过程的自动化和智能化是核心策略。传统的人工评价方式往往耗时耗力，无法满足现代教育对即时性和准确性的高要求。因此，开发智能化的评价工具成了提升效率的关键。

智能化评价工具通过集成先进的算法和模型，能够自动、准确地完成大量烦琐的评价任务。这种自动化不仅大幅减少了人工评价的工作量，还避免了人为因素导致的误差和不一致性，从而显著提高了评价的效率和可靠性。

与此同时，云计算等先进技术手段的引入，为评价数据的实时处理和分析提供了可能。云计算平台具有强大的计算能力和弹性扩展性，能够迅速处理海量的评价数据，并为教师提供即时、准确的教学反馈。这种实时反馈机制对于教师和学生来说都至关重要，因为它允许他们根据当前的学习情况及时调整教学策略和学习计划。

综上所述，通过实现评价过程的自动化和智能化，以及利用云计算等技术手段进行实时数据处理和分析，我们可以显著提升教育评价的效率。这不仅有助于教师更高效地了解学生的学习状况，还能为教育决策提供更为迅速和准确的数据支持，从而推动整个教育体系的持续改进和优化。

4. 总结与展望

在信息科技教育领域，多元化、智能化的评价工具的应用已展现出令人瞩目的成效。它们不仅显著提升了评价的准确性与效率，更为教师提供了精细化的、个性化的教学建议，从而助力学生更为深入地掌握知识和提升各项能力。这些先进的评价工具，已然成为现代教育体系中不可或缺的一环。

展望未来，技术的持续进步与应用场景的不断扩大将为我们带来更多的可能性。我们坚信，随着人工智能、大数据等尖端技术的进一步发展，这些评价工具在信息科技教育中的角色将愈发重要，它们的应用也将更加广泛和深入。

为了最大化地发挥这些多元化、智能化评价工具的优势，我们必须持续投入技术研发和应用创新。这意味着，我们需要不断地完善现有的评价体系，探索更为科学的方法论，以确保评价工具能够更精准地反映学生的学习状况，更有效地辅助教师的教学工作。

除此之外，教师的培训和技术支持同样重要。只有确保教师能够熟练掌握并有效运用这些评价工具，我们才能确保它们在实际教学中发挥出应有的效能。因此，我们需要构建一套完善的培训体系，提供持续的技术支持，以帮助教师更好地应对新时代教育评价的挑战。

综上所述，我们期待着在信息科技教育领域构建一个更加科学、客观、高效的评价体系。这一体系将充分利用多元化、智能化的评价工具，为培养新时代的信息科技人才提供坚实的支撑，推动整个教育行业的持续进步与发展。

4　学校、家庭与社会协同推进信息科技教育

4.1　家庭在信息科技教育中的角色与作用

4.1.1　探讨家长如何在家中引导孩子正确使用信息技术，培养孩子的信息素养

在信息化社会中，信息技术已经渗透到我们生活的方方面面，对于孩子们来说，掌握信息技术、具备良好的信息素养，不仅是学习的需要，更是未来生活和工作的必备技能。家庭作为孩子成长的摇篮，家长在引导孩子正确使用信息技术、培养孩子信息素养方面扮演着举足轻重的角色。

1. 家长引导孩子正确使用信息技术的策略

（1）设定合理的上网时间

家长应该与孩子进行开放、平等的沟通，共同探讨并制定一个合理的上网时间表。这一时间表的制定不仅是为了限制孩子每天使用电子设备的时间，更重要的是帮助孩子建立起健康的生活和学习习惯。通过设定明确的时间段，如每天一到两小时的上网时间，家长可以确保孩子不会过度沉迷于网络，从而保护他们的身心健康。

多项研究已经表明，过度使用电子设备会对孩子的视力、颈椎以及注意力等多个方面产生负面影响。因此，家长在设定上网时间时，应该充分考虑到这些因素，确保孩子在使用电子设备的同时，也能得到充分的休息和运动。这样不仅可以减少电子设备带来的潜在危害，还能促进孩子的全面发展。

除了设定上网时间外，家长还应该关注孩子在网络上的活动内容和质量。他们可以定期与之进行对话，了解孩子在网络上的兴趣和关注点，引导其辨别网络中的真伪信息，从而培养其批判性思维和信息筛选能力。

综上所述，设定合理的上网时间是家长引导孩子正确使用信息技术的关键策略之一。通过这一策略，家长不仅可以保护孩子的身心健康，还能培养其良好的上网习惯和信息素养，为其未来的学习和生活打下坚实的基础。

（2）引导孩子辨别网络信息

在数字时代的浪潮中，网络信息呈现出前所未有的多样性和复杂性。孩子由于年龄和经验所限，他们的判断力相对不够成熟，往往难以在纷繁复杂的网络信息中做出正确地识别和选择。正因如此，他们更容易受到网络舆论、虚假宣传甚至是网络霸凌的影响。

面对这一问题，家长有责任教育孩子如何有效地辨别网络信息的真伪。首先，家长应使孩子明确，对于任何未经证实的信息，都应保持审慎态度，不轻信、不盲从，更不应随意传播。这样的教育不仅有助于提升孩子的信息筛选能力，更能培养他们的批判性思维，使其在面对海量网络信息时能够做出明智的选择。

此外，家长还需密切关注孩子的网络活动，了解他们在网络上的行为和所遇问题。通过定期、开放且诚实的沟通，家长可以帮助孩子建立起对网络世界的正确认知，并教育他们在网络世界中保持必要的警觉和自律。这样的引导和教育，对于保护孩子免受网络诈骗和网络欺凌的侵害，以及培养他们的网络安全意识和自我保护能力，都具有至关重要的意义。

（3）培养孩子的网络道德意识

在培养孩子信息素养的过程中，网络道德意识的培养不可忽视。家长应深刻认识到，网络虽然是一个虚拟空间，但其中的行为规范和道德准则与现实世界同样重要。因此，家长有责任教育孩子遵守网络道德规范，成为有网络道德意识的数字公民。

首先，家长应教育孩子不发布或转发任何不良信息。这包括但不限于恶意言论、侮辱谩骂、色情暴力等内容。孩子需要明白，网络空间并非法外之地，任何不负责任的言论都可能对他人造成伤害，甚至触犯法律。

其次，家长应引导孩子坚决不参与网络暴力。网络暴力是一种严重的社会问题，它会给受害者带来巨大的心理和精神压力。家长应教育孩子以和平、理性和尊重的态度参与网络交流，避免使用侮辱性或攻击性的语言。

最后，尊重他人的隐私和权益是网络道德的重要组成部分。家长应告诫孩子，不得侵犯他人的隐私权，不得恶意泄露他人的个人信息，不得在网络上进行人身攻击或造谣传谣。

除了以上三点，家长还应重点教育孩子如何在网络上保护自己。这包括不泄露个人信息，如家庭住址、电话号码、学校等敏感信息。此外，孩子还应学会警惕不明链接和不明软件，不随意点击或下载，以防止恶意软件的入侵和个人信息的泄露。

总之，培养孩子的网络道德意识是家长的重要责任。通过教育引导，我们可以帮助孩子建立起正确的网络道德观念，使他们在享受网络带来的便利和快乐的同时，也能成为有责任感、有道德意识的数字公民。

（4）利用信息技术促进孩子学习

信息技术在现代教育中已经远远超越了单纯的娱乐功能，它更是一种强大的学习工具，为孩子们打开了全新的知识获取方式。家长应当充分认识到信息技术的这一重要价值，并积极引导孩子将其作为一种辅助学习的有力手段。

首先，家长可以引导孩子利用在线教育平台进行深入学习。如今，众多高质量的在线教育平台提供了丰富多样的课程资源，覆盖了从基础教育到高等教育的各个阶段和各种学科。孩子可以根据自己的兴趣和需求，在这些平台上自主选择课程进行学习，这不仅能够突破地域和时间的限制，还能够接触到更多优秀的教育资源。

其次，家长应教授孩子如何有效利用搜索引擎来查找学习资料。在互联网时代，搜索引擎已经成为我们获取信息的重要途径。家长可以指导孩子如何输入关键词、筛选信息，以及如何评估信息的真实性和可靠性，从而帮助孩子快速准确地找到所需的学习资料，提高学习效率。

再次，家长还可以鼓励孩子利用电子书籍进行阅读。电子书籍不仅便于携带和存储，还能提供丰富的互动功能和个性化的阅读体验。通过阅读电子书籍，孩子可以随时随地汲取知识，培养阅读兴趣和习惯，同时也有助于提升阅读能力和语言表达能力。

最后，家长还可以积极鼓励孩子参与在线编程课程、机器人竞赛等富有创新性和实践性的活动。这些活动不仅能够提升孩子的信息素养，还能培养他们的逻辑思维能力、解决问题的能力和团队合作精神。通过实践操作和项目挑战，孩子能够更好地理解信息技术的原理和应用，从而激发他们的创新思维和创造力。

综上所述，信息技术是一个强大的学习工具，家长应该积极引导孩子利用信息技术促进学习。通过在线教育平台、搜索引擎、电子书籍以及各种实践活动，孩子可以在信息技术的帮助下拓宽知识视野、提高学习效率，并培养起创新思维和实践能力，为未来的学习和职业发展打下坚实的基础。

2. 家庭教育中培养孩子信息素养的实践案例

（1）案例一：张先生的细心引导与陪伴

张先生深知当今数字化时代信息素养的重要性，他决心从小为孩子打下坚实的基础。他明白，信息素养不仅仅是让孩子掌握技术，更是培养他们独立思考、辨别信息和自主学习的能力。

在孩子还很小的时候，张先生就为家里配备了儿童安全上网软件，并与孩子一起制定了每天上网的时间和规则。他坚持原则，但也不是一成不变。每当孩子完成学习任务或表现良好时，他会适当增加一些上网时间作为奖励，这样既激励了孩子，又让他们学会珍惜和合理安排自己的时间。

更为值得一提的是，张先生非常注重教育孩子如何辨别网络上的信息。他经常用一些真实的网络诈骗案例，告诉孩子哪些信息是可疑的，哪些链接是不能随便点的。他还与孩子一起玩“侦探游戏”，通过搜索和分析网络信息，来判断某些信息的真实性。这样的互动游戏，不仅让孩子觉得有趣，还潜移默化中培养了他们的批判性思维和判断能力。

当孩子对历史产生浓厚兴趣时，张先生没有简单地买本书给他，而是利用家中的电脑，手把手教孩子如何使用搜索引擎来查找自己感兴趣的历史事件和人物。有一次，孩子对明朝的历史特别感兴趣，张先生就引导孩子搜索了关于明朝的各种资料，还一起观看了几部历史纪录片。那段时间，家里经常可以听到孩子兴奋地分享他新学到的历史知识，与张先生讨论各种历史事件。

张先生的教育方式，不仅让孩子学会了如何安全、有效地使用信息技术，更重要的是，他培养了孩子自主学习和独立思考的能力。这种陪伴和引导，让孩子在成长过程中更加自信、独立和有担当。

（2）案例二：李女士的科技亲子时光

李女士总是能够巧妙地运用信息技术，为她的亲子时光增添不少色彩。她深知，信息技术不仅是一个工具，更是一个桥梁，可以连接她与孩子的情感，也能启发孩子的智慧。

每到周末，李女士都会与孩子一起坐在电脑前，打开某个在线教育平台，选择一节有趣的课程进行学习。有时是关于宇宙的奥秘，有时是关于古代文明的探索，每次学习都仿佛是一次冒险旅程，充满了未知与惊喜。

除了在线课程，科普视频也是母子俩的共同爱好。从动物的奇特习性到地球的形成，从宇宙的广袤无垠到微观世界的神秘，每一个视频都能引发一连串的问题和讨论。李女士总是鼓励孩子提问，哪怕是再奇怪的问题，她都会耐心解答，或者与孩子一起查找答案。

最让孩子兴奋的是，李女士还支持他参与了在线编程课程和机器人竞赛。在这些活动中，孩子不仅学会了编程的基础知识，还亲手制作了几个简单的小程序，甚至设计了一个能够自动避障的小型机器人。每当机器人成功完成一个任务，孩子都会兴奋地跳起来，与李女士分享他的喜悦。

这样的亲子互动，不仅让孩子的信息素养得到了大幅提升，更重要的是，他与母亲之间的关系也因此而更加紧密。每一个共同度过的科技时光，都成了他们心中难以忘怀的回忆。李女士深知，信息技术不仅仅是一个工具，它更是她与孩子之间沟通的桥梁，是他们共同成长的见证。

3. 家长引导孩子正确使用信息技术的深远影响与效果评估

为了更准确地了解和评估家长引导孩子正确使用信息技术的效果，我们进行了一项深入细致的调查研究。这项研究的目的是探寻在家长正确的教育和引导下，孩子是否能更加明智、安全地使用信息技术，并从中受益。

调查研究的结果令人鼓舞。我们发现，在家长精心且恰当的引导下，大部分孩子不仅能够合理使用信息技术来辅助他们的学习，而且还能通过这些技术丰富自己的日常生活。信息技术在他们手中不再是单纯的娱乐工具，而是变成了一个强大的学习助手和生活伙伴。

更值得一提的是，这些孩子的信息素养普遍较高。他们能够熟练地辨别网络上的各种信息，对于那些可能存在误导性或不实的信息保持警惕。同时，他们也懂得如何在网络上保护自己的个人隐私和权益，避免成为网络欺诈或网络霸凌的受害者。

与那些未接受家长正确引导的孩子相比，这些孩子在多个方面都展现出了明显的优势。首先，在学习成绩上，由于他们能够有效地利用信息技术进行学习，因此往往能够取得更好的学业表现。其次，在创新思维方面，信息技术的广泛应用也激发了他们的创造力和探索欲望，使他们在解决问题时能够提出更多新颖、独特的观点和方法。最后，在人际交往能力上，通过与网友的沟通和交流，他们的社交技巧也得到了锻炼和提升，变得更加自信和开朗。

综上所述，家长引导孩子正确使用信息技术的效果是显著且多方面的。这不仅有助于孩子在学习上取得更好的成绩，还能培养他们的创新思维和人际交往能力，为他们的全面发展打下坚实的基础。

4. 结论与建议

家庭，作为孩子初次接触社会和世界的起点，对其成长具有深远的影响。在这个数字化、信息化的时代，家庭不仅是孩子情感的港湾，更是他们信息素养和创新能力的培育基地。家长，作为孩子的第一任教育者，肩负着引导孩子正确使用信息技术、培养他们信息素养和创新能力的重任。

信息技术已经渗透到我们生活的方方面面，对于孩子来说，它既是知识的宝库，也是潜在的风险源。因此，家长需要运用一系列策略，如设定合理的上网时间、教育孩子如何辨别网络信息的真伪、培养他们的网络道德意识，以及利用信息技术促进孩子的学习，来确保孩子能够在安全、健康的网络环境中成长，并有效地提升他们的信息素养和创新能力。

但仅仅做到这些还不够。亲子之间的互动和沟通是家庭教育中不可或缺的一部分。家长需要时刻关注孩子的网络活动和心理状态，与他们建立开放、诚实的沟通渠道，确保孩子在面对网络中的种种诱惑和挑战时，能够做出明智的选择。为了更进一步地提升孩子的信息素养和创新能力，我们提出以下建议。

首先，家长应加强自身的信息素养培训和学习。只有家长自己具备了足够的信息素养，才能更好地引导孩子，帮助他们建立正确的信息技术观念。

其次，鼓励孩子积极参与各种科技竞赛和创新项目。这不仅可以锻炼孩子的实践能力，还能激发他们的创新精神和团队合作意识，培养他们的解决问题和批判性思维能力。

最后，家长应与学校、社区等机构紧密合作，共同为孩子营造一个有利于信息素养提升的社会环境。这种跨界合作可以为孩子提供更多的学习机会和资源，促进他们的全面发展。

综上所述，家庭教育在孩子信息素养和创新能力的培养中起着至关重要的作用。通过家长的正确引导和教育，我们相信，孩子们的信息素养和创新能力将得到全面提升，为他们未来的学习和生活奠定坚实的基础。

4.1.2 分析家校合作在信息科技教育中的重要性及其实施策略

在信息化日益发展的今天，信息科技教育的重要性日益凸显。家庭和学校在孩子教育过程中起着不可或缺的作用，家校合作对于提升孩子的信息科技素养尤为关键。本节将深入探讨家校合作在信息科技教育中的重要性，并提出具体的实施策略。

1. 家校合作在信息科技教育中的重要性

（1）形成教育合力，促进孩子全面发展

在信息科技日新月异的时代背景下，家校合作显得愈发重要。家庭与学校，作为孩子成长的两大支柱，各自承载着不同的教育功能，但共同的目标都是为了促进孩子的全面发展。特别是在信息科技教育领域，家校之间的紧密合作能够产生巨大的教育合力，为孩子提供更全面、更深入的学习支持。

家庭是孩子成长的摇篮，家长的言传身教、家庭氛围以及提供的学习资源，都在潜移默化地影响着孩子的信息素养。家庭环境中的信息科技实践，如日常的网络使用、电子设备的操作等，都能为孩子提供真实的学习场景，帮助他们更好地理解和掌握信息科技知识。

学校作为专业的教育机构，拥有系统的教育资源和教师团队。在信息科技教育中，学校能够提供结构化的课程内容、专业的教师指导以及丰富的实践活动。这些都有助于孩子系统地学习信息科技知识，培养他们的逻辑思维能力、创新精神和团队合作能力。

家校合作在信息科技教育中的重要性在于，它能够有效地将家庭和学校的优势结合起来，形成教育合力。这种合力不仅能够促进孩子在学校中的学习，还能够在家庭中为孩子提供更多的实践机会和应用场景。通过家校的共同努力，孩子可以更加全面、深入地掌握信息科技技能，为他们的未来发展奠定坚实的基础。同时，家校合作还能够加强家长和教师之间的沟通与协作，共同关注孩子的学习进展和问题，及时调整教育策略，确保孩子在信息科技领域得到最好的教育和支持。

因此，在信息科技教育中，家校合作不仅是一种教育理念，更是一种必要的教育策略。它能够确保孩子在家庭和学校的双重教育下，得到最全面、最深入的信息科技教育，为他们的全面发展提供有力的支持。

（2）培养孩子自主学习和创新能力

在信息科技教育领域，我们不仅要传授技术知识，更要着眼于培养孩子的自主学习能力和创新精神。这种教育目标的实现，离不开家校之间的紧密合作。家校合作不仅能为孩子提供更为丰富的学习资源，还能为他们创造更多的实践机会，从而有效激发孩子对信息科技领域的兴趣和热情。

在家庭中，家长的角色至关重要。他们不仅是孩子的监护人，更是孩子学习的引导者和支持者。通过家校合作，家长可以更好地理解学校的教学目标和内容，进而在家中为孩子营造一个有利于自主学习和探索的环境。家长可以引导孩子利用网络资源进行自主学习，鼓励他们勇于尝试新的技术和应用，甚至在遇到问题时，鼓励他们独立思考、动手解决。这样的学习过程，不仅能够锻炼孩子的实际操作能力，还能逐渐培养他们的自主学习习惯和创新精神。

在学校中，教师则扮演着专业引导者的角色。通过创新的教学方式，如项目式学习、探究式学习等，教师可以有效地培养孩子的创新思维和解决问题的能力。这些教学方式通常以学生为中心，鼓励他们主动探索、实践操作，从而在解决问题的过程中，不仅学到了知识，还培养了创新思维和批判性思维。

家校合作在这一过程中起到了桥梁和纽带的作用。它使得家庭和学校教育相互补充、相互促进，共同为孩子营造了一个更加宽松和自由的学习和成长环境。在这样的环境中，孩子能够更加自信、自主地学习和探索，从而更好地培养自主学习能力和创新精神，为未来的学习和生活奠定坚实的基础。

（3）构建良好的信息科技教育氛围

在信息科技教育中，家校合作的重要性还体现在它能够有助于构建一个积极向上的教育氛围。这种氛围的营造对于孩子的学习态度、兴趣培养以及长期的学习动力具有深远的影响。

通过家长和教师之间的密切沟通与协作，孩子能够深切感受到家庭和学校双方对信息科技教育的共同重视与全力支持。这种感知不仅让孩子认识到信息科技在当今社会的重要性，还能激发他们内在的学习欲望和动力，促使他们更加积极、主动地投入信息科技的学习中。

此外，家校合作在促进家长和教师之间的相互理解与信任方面也发挥着关键作用。当家长和教师能够就孩子的教育问题达成共识，彼此之间的信任和尊重也会随之增强。这种和谐的教育环境不仅有利于孩子的心理健康成长，还能为他们的信息科技学习提供更加坚实的支撑。

因此，家校合作在构建良好的信息科技教育氛围方面具有不可替代的作用。它不仅能够激发孩子的学习热情，还能为他们的全面发展创造一个更加积极、健康的教育环境。

2. 家校合作在信息科技教育中的实施策略

（1）建立有效的沟通机制

在信息科技教育中，家校合作作为提升教育质量、促进学生全面发展的关键环节，其实施策略显得尤为关键。而首要的实施策略，便是建立有效的沟通机制。

沟通机制的建立，是实现家校合作的基础和前提。只有当家长和教师之间能够保持及时、有效的沟通，双方才能共同关注孩子的学习进展，及时发现并解决问题。为此，我们需要充分利用现代信息技术手段，如微信群、QQ 群等社交媒体平台，为家长和教师搭建起一个便捷、高效的沟通桥梁。通过这些平台，家长和教师能够随时随地交流和分享孩子的学习情况，共同把握教育的大方向。

除了线上的沟通方式，线下的交流也同样重要。学校可以定期召开家长会，为家长和教师提供一个面对面交流的机会。在家长会上，教师可以详细介绍学校的教育理念、教学计划和孩子在校的表现，而家长则可以反馈孩子在家中的学习情况，提出自己的意见和建议。通过这种双向的沟通，家长和教师能够更全面地了解孩子的学习状况，共同商讨并制定更为贴切的教育策略。

为了确保沟通机制的有效性，我们还需要注重沟通的及时性和针对性。家长和教师在沟通过程中，应关注孩子的具体问题和需求，避免泛泛而谈。同时，双方应保持开放和尊重的态度，愿意倾听对方的观点和建议，共同为孩子的教育贡献智慧和力量。

综上所述，建立有效的沟通机制是家校合作在信息科技教育中的核心实施策略。通过线上线下的全方位沟通，家长和教师能够形成教育合力，共同促进孩子在信息科技领域的全面发展。

（2）制定共同的教育目标

在家校合作的信息科技教育中，制定共同的教育目标是至关重要的环节。这不仅为家长和教师提供了一个明确的教育方向，还能确保双方在教育孩子的过程中保持高度的一致性。

家长和教师需深入沟通，明确信息科技教育的核心目标和具体要求。这涵盖了知识技能的掌握、创新思维的培养、实践操作能力的提升等多个层面。通过充分讨论和协商，双方能够就这些目标达成共识，从而为孩子的教育制定出一个全面而周密的计划。

在制定教育目标的过程中，应充分考虑孩子的个性特点和兴趣爱好。每个孩子都有其独特的天赋和潜能，因此，教育目标不能一刀切。家长和教师需要细心观察孩子的表现，了解他们的需求和期望，然后结合学校的教学计划和家庭的教育环境，为孩子量身定制个性化的教育方案。

此外，教育目标的制定还需具有前瞻性和灵活性。信息科技领域日新月异，新的技术和应用层出不穷。因此，家长和教师在设定目标时，应考虑到未来的发展趋势，确保孩子所学能够与时代接轨。同时，教育目标也不是一成不变的，它应根据孩子的成长进度和反馈进行适时的调整和优化。

综上所述，制定共同的教育目标是家校合作在信息科技教育中的基石。只有当家长和教师就教育目标达成一致，才能确保孩子在家庭和学校中都能得到有针对性的指导和帮助，从而在信息科技领域取得长足的进步。

（3）共享教育资源和经验

在家校合作的信息科技教育中，共享教育资源和经验显得尤为重要。

家长与教师之间的这种资源共享，不仅能够丰富孩子的学习内容，还能在教育方法和策略上实现互补，从而更有效地促进孩子的全面发展。

家长作为孩子成长的第一任教师，他们的职业背景、生活经验和社交资源都是宝贵的教育资产。在信息科技领域，许多家长可能从事与此相关的工作，或者有着丰富的实践经验和行业认知。通过将这些实战经验、行业洞见以及专业知识分享给孩子，家长不仅可以为孩子提供一个更加广阔的视野，还能为他们创造更多的实践机会，让孩子在真实的环境中感受信息科技的魅力。

与此同时，教师在教育领域内积累了大量的专业资源和教学方法。他们了解孩子的学习特点和心理发展，能够针对不同年龄段的孩子提供合适的教学策略。通过向家长推荐一些经过实践验证的优秀教育资源，如互动软件、在线课程或参考书籍，教师可以帮助家长在家中为孩子创造一个更加丰富和多元的学习环境。此外，教师还可以与家长分享一些有效的教育方法，如如何激发孩子的学习兴趣、如何引导孩子进行自主学习等，从而提升家长的教育水平，使家庭教育与学校教育更好地相结合。

通过家长和教师之间的资源共享和经验交流，家校双方可以更加深入地了解孩子的需求和兴趣，为他们提供更加个性化和有针对性的教育支持。这种协同教育的模式，不仅能够促进孩子在信息科技领域的知识和技能的提升，还能培养他们的创新思维和解决问题的能力，为他们的未来发展奠定坚实的基础。

（4）组织亲子活动和学校社团活动

组织亲子活动和学校社团活动，不仅是增进家校之间紧密联系的有效途径，更是提升孩子综合素养、促进其全面发展的有力措施。在这些活动中，家长能够亲身参与到孩子的学习与成长过程中，与孩子共同面对挑战，分享成功的喜悦。

亲子活动的举办，为家长和孩子提供了一个亲密互动的平台。在信息科技领域，家长可以与孩子一起探索新技术、新项目，共同完成一些具有挑战性的任务。这不仅能够锻炼孩子的实践操作能力，还能在合作中加深家长与孩子之间的情感纽带，让孩子感受到家庭的温暖和支持。同时，家长在参与过程中也能更直观地了解孩子的学习状况和兴趣所在，为后续的家庭教育提供更为精准的指导。

学校社团活动则是一个更为广泛的学习与交流平台。在这里，孩子们可以依据自己的兴趣选择参与的社团，与志同道合的伙伴一起探索信息科技的奥秘。而家长的参与，无疑为社团活动注入了更多的活力和资源。家长可以作为嘉宾或讲师，分享自己在信息科技领域的专业知识和丰富经验，为孩子们打开一扇扇通往新世界的大门。他们的分享不仅能拓宽孩子们的知识视野，更能激发他们对信息科技的热情和兴趣。

通过这些亲子活动和学校社团活动，家校之间的合作得到了进一步的深化。家长不再只是孩子教育的旁观者，而是成了积极的参与者和推动者。孩子们也在这些活动中收获了知识、技能和情感的全面提升，为他们的未来发展奠定了坚实的基础。这种家校共育的模式，不仅有助于提升孩子的信息科技素养，更能培养他们的团队协作能力、创新思维和解决问题的能力。

（5）关注孩子的网络安全教育

在当今网络信息爆炸的时代，网络安全教育显得尤为重要且迫切。随着科技的快速发展，孩子们越来越多地接触到互联网和各种智能设备，因此，家校双方必须共同关注并着手解决孩子的网络安全问题。

家长和教师需要深刻理解网络安全教育的核心意义。网络安全不仅仅是技术层面的问题，更关乎孩子的身心健康和个人隐私。孩子们由于缺乏足够的生活经验和判断力，往往更容易成为网络欺诈、网络霸凌的受害者。因此，家校双方有责任教育孩子如何识别并应对网络中的各种风险。

在教育过程中家长和教师可以通过具体、生动的案例和数据，向孩子展示网络安全的重要性。这些真实的案例能够让孩子更加直观地理解网络风险的现实性和紧迫性，从而增强他们的防范意识。同时，双方还应引导孩子养成良好的上网习惯，如设置复杂的密码、不轻信陌生人、不随意泄露个人信息等。

除了基本的网络安全知识教育，家长和教师还应关注孩子的网络心理健康。他们应定期与孩子进行开放、诚实的沟通，了解孩子在网络世界中遇到的困惑和问题，并提供及时的帮助和支持。

此外，家校双方还可以合作开展网络安全教育活动，如模拟网络欺诈、网络欺凌等情景，让孩子在实践中学习如何应对这些挑战。这样的活动不仅能够提升孩子的自我保护能力，还能增强他们的团队协作和沟通能力。

综上所述，关注孩子的网络安全教育是家校合作中不可或缺的一环。双方应共同努力，为孩子打造一个安全、健康的网络环境，让他们在享受科技带来的便利的同时，也能学会如何保护自己。

3. 家校合作在信息科技教育中的实践案例与效果分析

以某小学五年级为例，该校深知信息科技教育对孩子未来发展的重要性，因此决定与家长紧密携手，共同为孩子们打造一个富有创新与实践的信息科技学习环境。

在实践中，他们的合作可谓是细致入微、全面深入。首先，为了确保信息的即时与准确传达，学校与家长共同建立了一个名为“阳光科技小先锋”的微信群。在这个群里，学校不仅会定期发布关于信息科技教育的最新动态、教学计划，还会分享孩子们在课堂上的精彩瞬间和学习成果。家长们通过这个平台，能够实时了解到孩子在学校的学习情况，同时也能为学校的教学提出宝贵的建议和意见。

为了进一步满足孩子们的学习需求和兴趣，学校还特地邀请了部分有技术背景的家长参与到信息科技课程的设计中来。这些家长们结合自己的工作经验和专业知识，为学校出谋划策，帮助设计出既有趣味性又有挑战性的教学项目。比如，有一次，一位在软件公司工作的家长就提议开展一个“智能小车”项目，让孩子们亲自动手组装和编程，这个项目后来受到了孩子们的热烈欢迎。

此外，学校还巧妙地利用家庭资源，组织了多次亲子编程活动。在这些活动中，家长和孩子们围坐在一起，共同面对电脑屏幕，一边讨论一边编写代码。有的家庭甚至把这次活动当作是一次难得的亲子时光，特意准备了零食和小点心，边编程边享受家庭的温馨。这些活动不仅增进了家长和孩子之间的感情，还在无形中提升了孩子们的编程能力和创新思维。

当然，网络安全问题也是学校非常关心的一个方面。在每次的家长会上，学校都会特地留出时间，与家长一起探讨如何加强孩子们的网络安全教育。他们通过分享真实的网络风险案例、教授家长如何设置家庭网络过滤系统等方式，确保孩子们在一个安全、健康的网络环境中成长。

经过一个学期的精心实践与深度合作，阳光小学五年级的信息科技教育取得了令人瞩目的成果。孩子们不仅掌握了基础的计算机操作技能，还对编程、人工智能等领域产生了浓厚的兴趣。有的孩子甚至已经开始尝试自己编写简单的小游戏和程序了。而家长们也欣喜地发现，孩子们在家中的自主学习能力得到了显著的提高，他们更愿意主动探索和尝试新的技术，与家长的沟通也变得更加顺畅和愉快。这种家校共育的模式，无疑为孩子们打开了一个更加广阔和多彩的信息科技世界。

4. 结论与展望

在信息科技教育中，家校合作扮演着至关重要的角色，其重要性无法被其他教育方式所替代。通过家校之间的紧密配合和共同努力，可以为孩子营造一个全方位、多角度的学习环境，从而更有效地推动他们在信息科技领域的学习与发展。

实践已经证明，通过建立持久而有效的沟通机制，家长与教师能够及时了解孩子的学习情况，发现并解决学习中遇到的问题。制定共同的教育目标则确保了双方在教育孩子的过程中达成共识，形成统一的教育方向和期望。而共享教育资源和经验，不仅丰富了孩子的学习内容，还促进了教育方法和策略的互补与优化。此外，组织亲子活动和学校社团活动，为家长和孩子提供了亲密互动与实践操作的机会，进一步加深了彼此之间的情感联系，也让孩子在实践中锻炼与提升了信息科技能力。同时，对网络安全教育的共同关注，为孩子在日益复杂的网络环境中提供了坚实的保护。

综上所述，家校合作在信息科技教育中的每一项实施策略，都对孩子的信息科技素养和自主学习能力的提升起到了积极的推动作用。

展望未来，随着信息技术的持续进步和教育理念的不断创新，家校合作在信息科技教育中的重要性将更加凸显。信息技术的快速发展不仅改变了传统的教学方式，也为家校合作提供了更多的可能性和工具。我们坚信，随着越来越多的家长和教师认识到家校合作的重要性，并积极参与到孩子的信息科技教育中，孩子们将能够在这个信息化的时代中获得更加全面和均衡的发展。期待在未来的教育实践中，家校双方能够继续深化合作，共同为孩子的成长和发展贡献更大的力量。

4.2 学校与社区资源联动推动信息科技教育

4.2.1 研究学校如何利用社区资源进行信息科技教育，如公共图书馆、科技馆等

随着信息技术的飞速发展，信息科技教育已经成为中小学教育的重要组成部分。然而，仅仅依靠学校内部资源往往难以满足日益增长的教育需求。因此，学校需要积极寻求外部资源，特别是社区资源的支持和补充。本节将详细探讨学校如何利用社区资源，特别是公共图书馆、科技馆等，进行有效的信息科技教育。

1. 公共图书馆在信息科技教育中的多元利用

公共图书馆不仅是社区的文化中心，更是知识的宝库，其在信息科技教育中占据了举足轻重的地位。它丰富的书籍和多媒体资料为学校的信息科技教育提供了深厚的土壤。以下深入探讨学校如何利用公共图书馆的丰富资源进行信息科技教育。

（1）图书资源的深度借阅

公共图书馆内藏书丰富，涵盖了计算机科学、编程、软硬件技术、网络技术等诸多领域。学生可以通过借阅这些专业书籍，对信息科技领域进行深入研究和学习。例如，从基础的“计算机科学导论”到高级的“算法设计与分析”，从“前端开发实战”到“数据库管理系统”，这些书籍为学

生构建了一个完整的信息科技知识体系。学生可以根据自己的兴趣和需求，选择合适的书籍进行借阅和学习。

（2）数字资源的便捷访问

除了传统的纸质书籍，公共图书馆还为学生提供了海量的电子书籍、在线课程、学术论文以及数字媒体资源。这些数字资源具有高度的互动性和便捷性，使得学生可以随时随地进行学习。例如，学生可以利用图书馆的电子资源平台，轻松访问到世界顶尖的在线编程课程，与国际大师进行学习和交流。

（3）信息素养的全面培训

在信息爆炸的时代，如何高效地搜索、筛选、评估和使用网络信息，成了学生必备的技能。公共图书馆经常组织各种信息素养培训课程和工作坊，旨在培养学生的信息检索能力、信息评估能力和信息安全意识。这些课程不仅提升了学生的信息素养，还锻炼了他们的批判性思维和问题解决能力。

（4）合作项目的创新实践

学校与公共图书馆之间的合作，可以为学生带来更加丰富和实践性的学习体验。例如，双方可以共同开展项目式学习，如开发一个关于社区文化的数字互动平台，或者制作一个关于环保主题的多媒体展示。这样的合作项目，不仅能够提升学生的信息科技技能，还能培养他们的团队合作精神和创新思维。同时，通过与图书馆员的合作，学生还可以了解到图书馆背后的运营管理和服务模式，从而拓宽他们的视野和认知。

综上所述，公共图书馆在信息科技教育中发挥了不可或缺的作用。学校应充分利用图书馆的丰富资源，为学生提供更加全面和深入的信息科技教育。

2. 科技馆在信息科技教育中的多维利用

科技馆，作为连接科技与公众的桥梁，承载着科学普及与教育的重要使命。其内部所展示的前沿科技、丰富的互动体验，为学生提供了一个直观感受科技魅力的场所，对提升学生的科学素养和信息科技能力具有深远的影响。以下是学校如何通过多种方式利用科技馆资源进行信息科技教育的深入探讨。

（1）科学展览的深度参观

科技馆所举办的科技展览，不仅仅是简单的展示，更是科技与艺术的完美结合。这些展览通常汇集了最新的科技研究成果和创新应用，从微观世界到宇宙探索，无所不包。学校组织学生参观这些展览，不仅可以让他们近距离感受到科技的震撼与魅力，更能激发他们对信息科技领域的探索欲望和兴趣。

（2）互动体验的深度参与

科技馆中的互动体验区，如虚拟现实（VR）、增强现实（AR）、机器人操作等，为学生提供了一个真实而又神奇的科技世界。通过这些高科技的互动体验，学生可以更加直观地了解到信息科技的核心原理和应用场景。这种寓教于乐的方式，不仅增强了学生的学习动力，还让他们在玩乐中收获了丰富的科技知识。

（3）科学讲座与工作坊的启迪

科技馆时常邀请业内顶尖的科学家和技术专家，为学生带来最前沿的科技动态和深入浅出的知识讲解。学校组织学生参与这些讲座和工作坊，不仅可以帮助他们拓宽科技视野，更能让他们与专家面对面交流，从而得到更为深入的启迪和指导。

（4）科技竞赛的挑战与合作

科技馆所举办的各类科技竞赛，如机器人设计、编程挑战等，为学生提供了一个展示自己才华的舞台。学校与科技馆合作，鼓励学生积极参与这些竞赛，不仅可以锻炼他们的实践能力和团队合作精神，还能让他们在竞赛中不断成长和突破。

综上所述，科技馆在信息科技教育中扮演了举足轻重的角色。学校应充分利用科技馆的丰富资源，为学生提供更为广阔的学习平台，让他们在科技的海洋中自由翱翔，不断探索和创新。

3. 案例分析

在某市的一所知名中学，学校领导深知信息科技教育对学生未来发展的重要性，于是积极寻求与当地的公共图书馆和科技馆的合作。这种合作并非简单的形式上的结合，而是深入到教育内容和教学方法的整合。

公共图书馆成了这所学校的信息科技“知识宝库”。图书馆不仅为学校提供了大量的信息科技书籍，从基础的编程入门到高级的网络技术，应有尽有，满足了学生不同层次的学习需求。而且，图书馆还特地为学生开放了丰富的数字资源，包括在线课程、学术论文和技术报告等。更值得一提的是，图书馆还特地为该校学生开设了信息素养培训课程。在这些课程中，学生不仅学会了如何高效地搜索、筛选和评估网络信息，还培养了批判性思维和问题解决能力。

与此同时，科技馆成了学生们的“实践乐园”。科技馆经常举办各种科技展览，展示最新的科技发展和应用。学校定期组织学生前往参观，让他们能够亲身感受到科技的魅力和前沿动态。而且，科技馆的互动体验区更是成了学生们的最爱。在 VR 体验区，学生们仿佛置身于另一个世界，亲身体验到了科技的神奇。此外，科技馆还经常邀请科学家和技术专家进行讲座，分享他们的最新研究成果和科技应用。这些讲座不仅让学生们拓宽了视野，还激发了他们对科学的热爱和对未知的探索欲望。

这种紧密的合作关系带来了显著的效果。据统计，该校学生在各类信息科技竞赛中的获奖率逐年上升，不少学生还在国家级、省级的竞赛中取得了优异的成绩。而且，学生的信息素养测试成绩也明显高于同类学校，这充分证明了这种合作模式的有效性。

综上所述，该校与当地公共图书馆和科技馆的紧密合作，不仅为学生提供了丰富的学习资源和实践机会，还显著提升了学生的信息科技素养和实践能力。这种合作模式值得其他学校借鉴和推广。

4. 结论与建议

在当今信息化社会中，信息科技教育显得尤为重要。而如何为学生提供高质量、全面的信息科技教育，更是教育领域亟待解决的问题。通过深入挖掘并有效利用社区资源，尤其是公共图书馆和科技馆，学校不仅能够大幅度地拓宽信息科技教育的边界，还能为学生提供更为丰富、多元的学习体验。

公共图书馆与科技馆作为社区的重要教育资源，各自具有独特的优势。图书馆为学生提供了海量的书籍和数字资源，帮助学生建立扎实的理论基础，培养他们的信息素养。而科技馆则通过展览、互动体验等方式，让学生更加直观地感受到科技的魅力，激发他们对科学的热爱和探索欲望。这两大资源的结合，使得学生在理论与实践之间找到了完美的平衡点。

学校与社区资源的紧密合作，不仅为学生的全面发展创造了有利条件，还进一步促进了学校与社区之间的交流与互动。这种合作模式有助于打破传统教育的束缚，推动教育信息化、现代化的进程。为了持续优化并深化这种合作模式，特提出以下建议。

首先，学校应加强与社区资源的沟通与协调，确保双方的合作更加顺畅、高效。这包括定期举行交流会、共同制定教育计划、及时反馈合作效果等。

其次，学校应根据学生的学习需求和兴趣点，结合公共图书馆和科技馆的资源特色，定制更加个性化和多样化的信息科技教育方案。这样不仅可以提高学生的学习兴趣和参与度，还能确保教育的针对性和实效性。

最后，学校应鼓励学生积极参与社区活动，如科技馆的志愿者服务、图书馆的读书会等，从而增强学生的社会责任感和团队协作能力。

综上所述，通过有效利用社区资源，特别是公共图书馆和科技馆，学校可以为学生提供更加优质的信息科技教育，为他们的全面发展奠定坚实的基础。

4.2.2 展示学校与社区合作开展信息科技教育活动的成功案例

学校与社区资源的有效联动，是推动信息科技教育的重要途径之一。在实际操作中，不少学校已经与社区资源进行了深度合作，开展了丰富多彩的信息科技教育活动，取得了显著的成效。下面，我们将通过 3 个具体的案例，来展示学校与社区合作开展信息科技教育活动的成功实践。

1. 案例一：X 中学与市图书馆的编程合作项目

X 中学坐落于繁华的某市市中心，周边汇聚了众多文化资源。其中，那座气势恢宏的市图书馆，不仅是城市的文化地标，更是 X 中学不可或缺的教育合作伙伴。面对信息化时代的挑战，双方意识到提升学生的编程能力和信息素养至关重要，于是携手策划了一场别开生面的编程合作项目。

市图书馆慷慨地敞开了它的知识宝库，提供了琳琅满目的编程书籍和电子资源。从初学者的《编程入门》到高阶的《算法导论》，学生们可以尽情地在书海中遨游。此外，图书馆还特别开放了宽敞明亮的多媒体学习室，为学生们营造了一个静谧而专注的学习环境。在这里，他们可以沉浸在编程的世界里，无忧无虑地探索与创造。

更为激动人心的是，图书馆定期力邀业内顶尖的编程专家，为学生们带来精彩绝伦的公益讲座和培训。这些讲座和培训内容丰富多彩，不仅涵盖了编程的基础知识，还深入探讨了算法设计、人工智能等前沿领域。X中学的学子们有幸能够优先参与其中，与大师们面对面交流，领略编程的无穷魅力。

在双方的精心组织下，学生们跃跃欲试地分组进行了编程项目的实战演练。他们热情高涨地选择了一个个实际问题进行攻坚克难，如开发趣味横生的小游戏、设计巧妙高效的智能排序算法等。在这个过程中，图书馆不仅提供了顶尖的硬件和软件支持，还为学生们搭建了一个展示自我、交流学习的绝佳平台。

经过一个学期的紧密合作与不懈努力，学生们的编程能力犹如雨后春笋般迅猛提升。在项目实战环节，他们不仅熟练掌握了如何运用编程知识解决实际问题，更在团队合作中锤炼了意志，激发了创新思维。据统计数据显示，参与该项目的学生在市级编程竞赛中大放异彩，获奖比例遥遥领先于其他学校，充分彰显了这次合作项目的丰硕成果。

2. 案例二：Y 小学与科技馆的机器人教育项目

在科技氛围浓厚的都市中，Y 小学与一家专注于机器人教育的科技馆携手开启了一场别开生面的合作项目。Y小学，一所坐落在繁华都市中心的小学，周边林立的高楼和繁忙的街道都彰显着这座城市的现代气息。而最令学生们兴奋的，莫过于学校周边的科技馆，那里是他们探索科技奥秘的乐园。

为了激发学生对科技的兴趣，Y小学与科技馆达成了紧密的合作。科技馆内，琳琅满目的机器人展览成了学生们最为期待的活动。每当有新的机器人展览开幕，Y小学的学生们总是迫不及待地前来参观。他们围绕着各式各样的机器人，好奇地观察它们的每一个动作，而科技馆的工作人员也总是会耐心地为他们讲解每一个机器人的工作原理和操作方法。

更让学生们兴奋的是，科技馆还为他们提供了亲手操作机器人的机会。在专业导师的指导下，学生们可以亲手为机器人编程，并操控它们完成各种有趣的任务。每当机器人按照他们的指令准确无误地完成动作时，他们的脸上总会洋溢出难以掩饰的喜悦和自豪。

此外，Y小学与科技馆还共同研发了一系列机器人教育课程。这些课程巧妙地将机器人技术融入日常教学中，让学生们在学习机器人基础知识的同时，也能掌握实用的编程技巧。课程内容丰富多彩，既有理论知识的学习，也有实际应用的探索，使得学生们在轻松愉快的氛围中不断提升自己的科技素养。

经过一段时间的合作实践，Y小学的学生们对机器人技术产生了浓厚的兴趣。他们在实践操作中锻炼了动手能力，也培养了解决问题的能力。而机器人教育课程的开设，不仅丰富了学校的课程体系，还大大提高了教学质量。如今，Y小学的学生们在科技竞赛中屡获佳绩，他们的科技素养得到了显著提升，这也充分证明了这次合作项目的巨大成功。

3. 案例三：Z 初中与社区网络中心的网络安全教育活动

随着互联网的飞速发展，网络如同空气一般无处不在，它给我们的生活带来了便捷，但同时也伴随着诸多的安全隐患。Z 初中，位于城市的繁华地带，学校领导深知网络安全对学生成长的重要性，于是决定与社区网络中心携手，共同为学生筑起一道网络安全的屏障。

为了让学生们真切地感受到网络安全的紧迫性和重要性，社区网络中心特意派遣了经验丰富的网络安全专家，定期走进 Z 初中的课堂。专家们用生动有趣的案例，为学生们剖析了网络安全的方方面面，从简单的密码设置到复杂的网络诈骗手法，都一一进行了深入的讲解。学生们听得津津有味，不时发出阵阵惊叹。

而更为激动人心的是，Z 初中和社区网络中心还联手策划了一场别开生面的网络安全模拟演练。在这场演练中，学生们被分成若干小组，每组都要面对各种模拟的网络攻击场景。他们需要在有限的时间内，迅速做出判断，采取有效的防护措施。这样的实践活动，不仅让学生们亲身体验到了网络安全的紧张刺激，更让他们在实战中学会了如何冷静应对、保护自己的信息安全。

此外，Z 初中还巧妙地利用了家长会这一平台，将网络安全的教育延伸到了家庭。在家长会上，学校领导和网络中心的专家向家长们详细介绍了网络安全的重要性，并分享了许多实用的防范技巧。家长们听后纷纷表示，将积极配合学校，与孩子共同学习网络安全知识，为孩子的健康成长保驾护航。

这一系列精心策划的网络安全教育活动，让 Z 初中的学生们对网络安全有了更加全面、深入的认识。他们在日常生活中变得更加警惕，不再轻易泄露个人信息，对网络诈骗等风险也有了足够的防范意识。可以说，这次合作不仅为学生们敲响了网络安全的警钟，更为他们的未来成长奠定了一块坚实的基石。

4. 结论与启示

通过以上三个成功案例的深入剖析，我们不难发现学校与社区资源之间的紧密联动在信息科技教育中展现出了巨大的潜力和价值。这种合作模式其实是一种教育生态的构建，其中学校作为教育的主体，而社区资源则为其提供了广阔的实践舞台和丰富的知识库。

首先，从教育的角度来看，学校与社区资源的联动，实际上是为学生打造了一个更加真实、生动的学习环境。在这样的环境下，学生不再是被动的知识接受者，而是可以主动地参与到各种实践活动中，从实践中学习和成长。这种学习方式，不仅能够帮助学生更好地理解和掌握信息科技知识，还能够培养他们的创新思维和实践能力。

其次，社区资源的引入，极大地丰富了学校的教学内容和教学方法。传统的教学方式往往局限于教材和课堂，而社区资源的加入，则使得教学更加贴近实际、贴近生活。这样的教学方式，更容易激发学生的学习兴趣，使他们在学习中找到乐趣，从而更加积极地投入学习中去。

最后，学校与社区的合作，也为学生的全面发展提供了有力的支持。在这种合作模式下，学生不仅可以学到专业知识，还可以在与社区的互动中，学习到如何与人交往、如何合作共事等社交技能。这些技能对于他们未来的生活和职业发展都是非常重要的。

综上所述，学校与社区资源的联动推动信息科技教育的模式，不仅充分利用了社区资源，丰富了学校的教学内容和方法，更重要的是，它激发了学生的学习兴趣和创新能力，提高了他们的信息素养和综合能力。因此，我们有理由相信，进一步加强学校与社区的合作与交流，共同推动信息科技教育的发展与创新，将会为学生的全面发展创造更多的机会和可能。

4.3 社会力量参与下的信息科技教育公共服务体系构建

4.3.1 探讨政府、企业等社会力量如何共同参与构建信息科技教育公共服务体系

在构建信息科技教育公共服务体系的过程中，政府、企业等社会力量的参与至关重要。这些力量的协同作用，能够有效地整合资源，提升教育服务的普及和质量，从而推动信息科技教育的全面发展。

1. 政府的引导与支持在信息科技教育公共服务体系构建中的核心作用

政府在推动信息科技教育公共服务体系的构建中起着至关重要的角色。这不仅体现在宏观政策的制定和引导上，更深入到教育资源配置、教育质量监控以及教育环境优化等多个层面。

首先，政府是教育发展战略的主要规划者。通过精心制定的教育政策，政府为信息科技教育设定了明确的发展方向和目标。这些政策不仅为各级教育机构提供了行动的指南，还确保了教育内容与国家和社会的发展

需求紧密相连。教育部等相关部门在此过程中的角色尤为关键，它们负责中长期教育发展规划的拟定，并将信息科技教育作为其中的重要组成部分。这样做不仅凸显了信息科技在现代教育中的核心地位，也为该领域的持续发展奠定了坚实的基础。

其次，政府在财政支持方面的作用不容忽视。信息科技教育需要大量的资金投入，用于更新教学设备、培训师资以及研发创新教学方法等。政府通过设立专项资金、提供补贴或税收优惠等多种方式，为这些需求提供了有力的保障。这种资金支持不仅确保了信息科技教育的硬件设施得以不断完善，还极大地促进了教师队伍的专业成长和教育资源的持续优化。

最后，政府在监管和教育质量保障方面也发挥着举足轻重的作用。通过对教育投入、教育质量以及教育资源分配等方面的严格监督和管理，政府确保了教育的公平性和高效性。这包括对教育经费使用的透明度和效果的评估，对教育质量的定期检查和反馈，以及对任何违规行为的及时纠正和处罚。这种全面的监管体系，不仅有助于提升信息科技教育的整体水平，还为学生提供了一个更加公平、优质的学习环境。

综上所述，政府在构建信息科技教育公共服务体系中的引导与支持是多方面的、深层次的。从政策制定到资金支持，再到质量监管，每一个环节都凸显了政府对于信息科技教育的高度重视和坚定承诺。这种全方位的支持和投入，无疑为信息科技教育的蓬勃发展注入了强大的动力。

2. 企业在信息科技教育公共服务体系中的参与与合作的重要性

在信息科技教育公共服务体系的构建过程中，企业的角色不容忽视。它们不仅能为教育体系提供先进的技术支撑，还是教育资源开发与共享的重要参与者，更是学生实践能力培养和人才输送的关键环节。

首先，企业在技术支持方面的贡献是显著的。随着科技的快速发展，信息科技教育的需求也日益增长。企业，特别是那些专注于教育科技的企业，能够提供前沿的技术解决方案，如智能硬件设备、高效的软件开发工具以及用户友好的在线教育平台。这些技术支持不仅极大地改善了学校的教学环境，还提升了教学效果，使学生能够更加直观、高效地理解和掌握信息科技知识。

其次，企业在课程资源开发和共享中也发挥着不可或缺的作用。传统的教学内容往往难以跟上科技发展的步伐，而企业通过与教育机构和专家的紧密合作，可以开发出更加贴近现实、更具实用性的教学内容和案例。这种合作模式确保了教学内容的时效性和实用性，从而为学生提供了更加丰富、多样的学习体验。同时，借助企业的平台优势，这些优质的教育资源得以更广泛地共享和传播，进一步促进了教育的公平性和普及性。

最后，企业在学生实践能力培养和人才输送方面的贡献也是不可忽视的。实习和就业机会是学生将所学知识转化为实际应用能力的重要途径。企业通过与学校建立校企合作关系，为学生提供实践的平台和机会，使他们在实践中深化理论知识，提升职业素养和实践能力。这种合作模式不仅提高了学生的就业竞争力，更为企业输送了大量优秀的人才资源，形成了良性的教育生态循环。

综上所述，企业在信息科技教育公共服务体系的构建中发挥着举足轻重的作用。它们通过提供先进的技术支持、参与课程资源的开发和共享，以及为学生提供实习和就业机会等方式，极大地推动了信息科技教育的发展和创新。

3. 社会组织在信息科技教育公共服务体系中的补充与协同作用

在构建信息科技教育公共服务体系的过程中，社会组织发挥着不可或缺的补充与协同作用。这些社会组织，包括非营利组织、行业协会以及科研机构等，各自以其独特的方式为信息科技教育的推广与深入提供了有力的支持。

非营利组织以其公益性质和社会责任感，为信息科技教育的普及做出了重要贡献。它们通过筹集资金、组织志愿者活动等多元化方式，将信息科技教育的机会和资源带到贫困地区或弱势群体中，弥补了这些地区或群体在教育资源上的不足。这种公益性的补充，不仅促进了教育的公平性，还为更多孩子打开了通往科技世界的大门。

行业协会则以其专业性和行业影响力，为信息科技教育提供了高质量的支持。它们利用自身的专业优势，制定了一系列行业标准，推动了行业的规范化发展。同时，行业协会还通过提供职业培训、组织行业交流等方式，加强了行业内的合作与共享，为信息科技教育的专业化发展注入了新的活力。

科研机构在信息科技教育公共服务体系的构建中，发挥着引领和创新的角色。它们聚焦于信息科技教育的前沿问题研究，不断探索新的教育理念和教育模式。通过科学的研究和实践，科研机构为教育实践提供了科学的指导和建议，推动了信息科技教育的不断创新和发展。

综上所述，社会组织在信息科技教育公共服务体系的构建中，各自发挥着独特的补充与协同作用。它们通过提供公益支持、专业指导和科研引领等方式，共同推动了信息科技教育的全面发展。这种多元化的支持和协同，不仅丰富了信息科技教育的内容和形式，还为教育的公平性和普及性做出了重要贡献。

4. 案例分析与实际效果

为了更直观地展示政府、企业等社会力量如何共同参与构建信息科技教育公共服务体系，以下提供一个实际案例进行分析。

某地区政府为了提升当地中小学生的信息科技素养，制定了一项名为“数字未来”的教育计划。该计划旨在通过政府引导、企业参与和社会支持的方式，共同推动信息科技教育的发展。

在实施过程中，政府投入了大量资金用于改善学校的信息科技设施，并设立了专项基金支持教育创新实践。同时，政府还积极与当地科技企业合作，引入先进的技术支持和解决方案。这些企业不仅为学校提供了智能硬件设备和在线教育平台，还参与了课程资源的开发和共享。

在政府和企业的共同努力下，该地区的中小学校逐渐建立起了完善的信息科技教育体系。学生们不仅能够接触到最新的科技设备和技术应用，还能参与到各种创新实践和竞赛活动中。这些举措极大地激发了学生们对信息科技的兴趣和热情，并提升了他们的实践能力和创新思维。

据统计数据显示，“数字未来”计划实施后，该地区中小学生的信息科技素养水平明显提升。在各类信息科技竞赛中，该地区学生的获奖比例和层次也有了显著提高。这些成果充分证明了政府、企业等社会力量共同参与构建信息科技教育公共服务体系的有效性和必要性。

5. 结论与展望：构建高效、便捷和普惠的信息科技教育公共服务体系

通过以上深入的分析，我们可以清晰地看到，构建完善的信息科技教育公共服务体系是一个多元化、综合性的任务，它离不开政府、企业以及各类社会组织的共同参与和协同努力。这种跨界的合作与协同，不仅确保了资源的优化配置和教育服务的高效提供，还极大地丰富了信息科技教育的内涵和外延。

在未来的发展中，我们需进一步强化这种多方合作的机制和模式。具体而言，应该深化政府、企业以及社会组织之间的沟通与协作，实现资源

共享、优势互补，从而确保信息科技教育公共服务体系能够持续、稳定、健康地发展。同时，为了满足不同群体的多样化、个性化需求，我们还需不断优化资源配置，创新服务模式，提供更加人性化、个性化的教育服务。

此外，鉴于信息科技的快速发展和不断更新，我们也必须保持高度的敏锐性和前瞻性。这意味着，我们需要持续关注信息科技教育的最新动态和发展趋势，及时调整和完善服务体系的内容和形式，确保其始终与时俱进，满足时代的需求。

展望未来，我们有理由相信，在政府、企业和社会各界的共同努力和不懈追求下，我们能够构建出一个更加高效、便捷、普惠且具有高度前瞻性的信息科技教育公共服务体系。这一体系将不仅为广大学子提供优质的教育资源和学习平台，还将为社会培养出更多具备信息素养、创新能力和实践精神的高素质人才，从而推动整个社会的持续进步和繁荣发展。

4.3.2 分析校企合作在信息科技教育中的优势及其实施模式

校企合作在信息科技教育中扮演着至关重要的角色，其优势和实施模式对于提升教育质量、推动技术应用和创新人才培养具有显著意义。以下将详细分析校企合作在信息科技教育中的优势及其具体实施模式。

1. 校企合作在信息科技教育中的独特优势

（1）资源共享与优势互补的深远意义

校企合作首先实现了资源的高效共享。学校，作为知识的殿堂，积累了大量的教育资源、研究实力和教学经验。而企业，则站在市场的前沿，拥有尖端的技术设备、敏锐的市场洞察力和丰富的实战经验。当这两者结合，学校的理论优势与企业的实践优势得到了完美的融合，双方互相补充，共同推动信息科技教育的品质和效果达到新的高度。

（2）实践教学与职业发展的紧密结合

对于学生而言，校企合作模式提供了难得的实践教学机会。在企业提供的实习、实训平台上，学生可以将课堂上学到的理论知识真实应用到实际工作中，从而锻炼其实践操作和解决问题的能力。更为重要的是，通过与企业的亲密接触，学生可以更为直观地了解行业的最新动态和市场需求，为自己的职业规划描绘出更为明确的蓝图。

（3）技术研发与成果转化的创新路径

校企合作还为技术研发和成果转化开辟了新的道路。学校的研究团队与企业的技术团队可以携手合作，共同研发新技术、新产品。这种合作模式不仅大大缩短了科研成果从实验室到市场的周期，更为企业带来了源源不断的技术创新和产品升级，有力地推动了产业结构的优化和经济的持续发展。

（4）教育资金来源的多元化拓展

校企合作也为学校带来了更为丰富的教育资金来源。企业可以通过多种方式，如捐赠、赞助或设立奖学金等，来支持学校的信息科技教育。这些资金不仅可以帮助学校改善教学设施、提升教学质量，更能为那些表现优异的学生提供更多的奖励和机会，进一步激发他们的学习热情和创新精神。

综上所述，校企合作在信息科技教育中展现出了无可比拟的优势。这种合作模式不仅实现了资源共享、优势互补，还为学生的实践教学、职业发展、技术研发以及教育资金来源提供了有力的支持。可以预见，在未来的信息科技教育领域，校企合作将继续发挥其独特的价值和影响力。

2. 校企合作的多元实施模式探索

校企合作作为培养高素质人才的有效途径，其实施模式多种多样，其中“订单式培养”备受关注。这一模式充分体现了学校与企业的深度合作，以及教育与市场的紧密结合。

（1）订单式培养：量身定制的人才孵化方案

订单式培养，顾名思义，是学校根据企业的特定需求，量身打造专门的人才培养方案。在这种模式下，学校不再是单向传授知识的场所，而是与企业共同承担起人才培养的责任。双方从人才培养方案的设计开始，就紧密合作，确保教育内容既符合学术标准，又贴近企业实际需求。

在课程设置方面，学校会引入更多与企业文化、业务流程相关的内容，使学生能够提前了解并适应企业的工作环境。同时，实习计划也成为这一模式的重要组成部分。学生不仅要在学校接受系统的理论学习，还要在企业进行实地操作，通过实践来巩固和拓展所学知识。

此外，企业在这一过程中也扮演着重要角色。企业不仅会派遣经验丰富的员工担任导师，为学生提供实践指导和职业规划建议，还会直接参与到学生的评价体系中，确保所培养的人才能够满足企业的实际需求。

通过这种订单式培养，学校能够更精确地把握市场动态和人才需求，从而调整教学策略，提升教育质量。而企业则能够获得更符合自身发展需求的高素质人才，减少新员工培训成本和时间，实现双赢。

综上所述，订单式培养作为校企合作的一种深入模式，不仅有助于提升教育的针对性和实用性，还能够促进学校与企业的紧密合作，共同推动人才的培养和社会的进步。

（2）产学研合作：深度融合的创新协同模式

产学研合作在校企合作中占据着举足轻重的地位，它代表了一种更为深入、全面的协同模式。在这一模式下，学校、企业和研究机构三方紧密联手，共同投身于科研项目开发、技术创新以及成果转化等关键活动，从而构建一个充满活力与创造力的合作生态。

学校作为知识的高地和人才的摇篮，为企业和研究机构提供了源源不断的技术支持与丰富的人才储备。学校的教授和研究人员带着他们的专业知识和最新研究成果，参与到产学研合作项目中，为项目的成功实施提供了坚实的学术支撑。同时，学校还通过与企业、研究机构的合作，不断调整和优化自身的教育教学内容，确保所培养的人才更加符合社会的实际需求。

企业，作为市场经济的主体，为产学研合作提供了宝贵的实践平台和市场需求信息。企业深知市场的脉搏，能够准确把握当前和未来的技术需求与发展趋势。在产学研合作中，企业不仅贡献了其实践经验和对市场的深刻理解，还通过与学校和研究机构的紧密合作，加速了新技术的研发和应用，从而提升了自身的竞争力。

研究机构则在这一过程中扮演着桥梁和纽带的角色。他们拥有丰富的研究资源和先进的研究设备，能够为产学研合作提供必要的研究支持和服务。同时，研究机构还通过与学校和企业的合作，推动了科研成果的转化和应用，使得科技创新能够更好地服务于社会经济的发展。

综上所述，产学研合作不仅促进了学校、企业和研究机构之间的深度合作与资源共享，还为科技创新和产业发展注入了强大的动力。这种合作模式充分体现了教育、科研与产业的有机结合，是推动社会进步和经济发展的重要力量。

（3）共建实训基地：打造学生实践能力的熔炉

共建实训基地，这一校企合作模式，对学生实践能力的提升起到了至关重要的作用。在这一合作框架下，学校和企业携手投资建设高水平的实训基地，旨在为学生构建一个真实的职业环境，提供丰富的实践机会。

实训基地不仅仅是一个简单的实践教学场所，它更是一个连接学校理论教育与企业实际需求的桥梁。在实训基地中，学生可以亲身接触到行业内最新的技术和设备，这种与先进技术的零距离接触，无疑将极大地拓宽他们的视野，提升其技术应用能力。

更为重要的是，实训基地所提供的实践机会，能够让学生在真实的工作环境中锤炼自己的专业技能和职业素养。他们可以在这里模拟解决实际工作中可能遇到的问题，从而培养解决问题的能力和团队合作精神。这种实践经历不仅能增强学生的实践能力，更能帮助他们建立起对未来职业发展的清晰认知，为顺利融入职场做好充分的准备。

此外，共建实训基地还促进了学校与企业之间的深度合作。企业通过参与实训基地的建设和管理，可以更好地了解学校的教学理念和人才培养模式，同时也能够及时发现并吸纳有潜力的优秀人才。而学校则能够借助企业的资源和经验，不断完善实践教学体系，提高人才培养质量。

总的来说，共建实训基地是一种双赢的校企合作模式。它不仅为学生提供了一个提升实践能力的宝贵平台，也为学校和企业之间的合作与交流开辟了新的渠道。通过这种合作模式，我们有理由相信，能够培养出更多具备实践能力、职业素养和创新能力的高素质人才，为社会的发展做出更大的贡献。

（4）双向挂职交流：构建校企互动的桥梁与纽带

双向挂职交流，这一独特的校企合作模式，为促进双方人员的深度互动与交流搭建了一个坚实的平台。在这一机制下，学校的教师和学生得以深入到企业的日常运营中，直观地了解和体验企业的实际运作模式与市场需求，从而加深理论与实践的结合。

这种交流模式的益处是多方面的。对于学校的教师而言，到企业挂职不仅是一个了解行业动态、更新知识结构的好机会，还能将企业的实际案例引入教学中，使课堂内容更加生动、实用。学生在企业实习期间，可以亲身参与到实际工作中，这不仅锻炼了他们的实践能力，还帮助他们更清晰地认识到自己的职业定位和发展方向。

与此同时，企业的员工也有机会走进学校，参与到教学或科研项目中。这一过程中，他们不仅可以将自己在工作中的经验和见解分享给学生，还可以借助学校的科研资源和人才优势，共同开展技术研发和创新工作。这种合作模式对于提升企业的研发能力和市场竞争力具有显著的推动作用。

双向挂职交流模式的实施，不仅提升了学校的教学质量和科研水平，也为企业注入了新的活力和创新思维。通过这种深度的人员互动与交流，学校和企业之间的合作关系得以进一步巩固和加强，共同推动了信息科技教育的发展和创新人才的培养。这种模式的成功实践，充分展示了校企合作在促进教育与社会经济发展中的重要作用。

3. 校企合作的实际案例与效果分析

以某高校与华为技术有限公司的合作为例，双方签订了战略合作协议，共同推动信息科技教育的发展和创新人才的培养。合作内容包括共同开设课程、共建实训基地、开展科研合作等多个方面。

通过合作，该高校的信息科技教育质量得到了显著提升。学生不仅在学校中接受了系统的理论知识教育，还在华为的实训基地中接受了实践训练，提升了其实践能力和职业素养。同时，华为也为该高校提供了丰富的教育资源和资金支持，改善了教学设施并提升了教学质量。

此外，双方还共同开展了多项科研项目合作，取得了显著的科研成果。这些成果不仅推动了信息科技领域的技术创新和发展，还为企业带来了实实在在的经济效益和社会效益。

综上所述，校企合作在信息科技教育中具有显著的优势和实施效果。通过资源共享、优势互补、实践教学与职业发展、技术研发与成果转化等方面的合作，学校和企业可以共同推动信息科技教育的发展和创新人才的培养。同时，通过具体的实施模式如订单式培养、产学研合作、共建实训基地和双向挂职交流等，可以进一步深化校企合作的内容和效果。

5 展望未来

5.1 信息科技教育发展趋势前瞻

5.1.1 预测 AI、大数据、云计算等新技术对教育产生的影响及未来可能的发展趋势

随着科技的飞速发展，AI、大数据和云计算等新技术正逐渐渗透到各行各业，教育领域也不例外。这些新技术不仅改变了传统的教学方式，还为教育带来了前所未有的机遇和挑战。以下将详细分析这些新技术对教育产生的影响及其未来可能的发展趋势。

1.AI 在教育中的应用及影响

（1）智能辅助教学系统

智能辅助教学系统是 AI 技术在教育领域中的杰出应用之一，其快速

发展得益于 AI 技术的不断进步和成熟。这些系统运用先进的算法和数据分析能力，深入洞察每位学生的学习习惯、知识掌握情况和个性化需求，进而为他们量身打造独特的学习路径。

智能辅助教学系统的核心在于其高度个性化的学习建议和资源推荐功能。系统通过收集和分析学生在学习过程中的各种数据，如学习时间、速度、准确率等，建立起精细的学生模型。这些模型能够准确反映学生的知识掌握情况、学习偏好和潜在能力，从而为每位学生提供最适合他们的学习资源和建议。

此外，智能辅助教学系统还具备强大的自我优化和调整能力。系统能够根据学生的实时学习反馈，动态调整学习计划和资源推荐，确保学生在学习过程中始终保持高效和兴趣。这种动态调整不仅提升了学习效果，还使得教育过程更加符合学生的个性化需求。

总的来说，智能辅助教学系统利用 AI 技术，为每位学生提供了个性化的学习体验，不仅提高了学习效率，还使得教育更加符合学生的实际需求。随着 AI 技术的进一步发展，我们有理由相信，智能辅助教学系统将在教育领域发挥更加重要的作用。

（2）智能评估与反馈

智能评估与反馈是 AI 技术在教育领域中的又一重要应用，它彻底改变了传统评估方式的局限性和低效性。在传统的教育模式中，评估往往依赖于教师的人工批改和评分，这不仅耗时耗力，而且难以保证评估的及时性和客观性。然而，随着 AI 技术的引入，自动评分和即时反馈已经成为现实，极大地提升了评估的效率和准确性。

在智能评估系统中，AI 技术通过自然语言处理和机器学习等算法，能够对学生的作业、试卷等学习成果进行快速而准确的分析。以英语写作教学为例，AI 可以迅速识别学生作文中的语法错误、拼写错误以及句式结构问题，并给出具体的反馈和建议。这种即时的反馈机制不仅大大减轻了教师的批改负担，还使学生能够在第一时间了解到自己的错误，从而及时进行纠正和改进。

更为重要的是，智能评估系统还能根据学生的学习情况和进步程度，提供个性化的评估报告和学习建议。通过分析学生的学习数据，系统能够发现学生的学习弱点和盲点，为他们量身定制提升方案，进一步促进学生的全面发展。

此外，智能评估与反馈系统的引入，还有助于提升教育的公平性和透明度。由于 AI 技术的客观性，评估结果更加公正，减少了人为因素的干扰。同时，学生也可以随时查看自己的评估结果和反馈，更好地了解自己的学习情况，增强学习的自主性和积极性。

综上所述，智能评估与反馈系统利用 AI 技术，实现了自动评分和即时反馈，不仅提高了评估效率，还为学生提供了更加个性化、科学化的学习指导。这一技术的广泛应用，必将推动教育评估体系的革新，为教育质量的提升注入新的活力。

（3）虚拟教师和助教

虚拟教师和助教，作为 AI 技术在教育领域的创新应用，已经逐渐从概念走向现实，并在教育领域扮演着日益重要的角色。这些智能化的教学助手不仅能够为学生提供基础知识的传授，还能在答疑解惑方面发挥显著作用，极大地丰富了教育手段和方式。

AI 虚拟教师和助教的核心优势在于其高度的交互性和智能化。借助先进的自然语言处理和语音识别技术，它们能够与学生进行流畅、自然的对话。这种交互方式不仅打破了传统教学的单向传授模式，还使得学习变得更加生动和有趣。学生可以通过与虚拟教师的对话，提出自己的疑问，并获得即时的解答和反馈。

除了基础的答疑解惑功能，AI虚拟教师和助教还能根据学生的学习进度和需求，智能推荐相关的学习资源。这些资源不仅涵盖了课本知识点，还包括了丰富的拓展资料和实际案例，有助于学生更全面地理解和掌握所学知识。

AI虚拟教师和助教并非替代真人教师，而是作为一种有益的补充。它们可以在课后或教师不在场的情况下，为学生提供持续的学习支持和帮助。这种辅助教学方式不仅缓解了真人教师的教学压力，还确保了学生在任何时间、任何地点都能获得有效的学习资源。

此外，AI虚拟教师和助教还具备自我学习和优化的能力。通过不断分析学生的学习数据和反馈，它们能够逐渐提升自己的教学效果和准确性，更好地满足学生的学习需求。

综上所述，AI虚拟教师和助教以其高度的交互性、智能化和自我学习能力，为教育领域带来了新的可能性和挑战。随着技术的不断进步和应用场景的拓展，我们有理由相信，这些智能化的教学助手将在未来教育中发挥更加重要的作用。

2. 大数据在教育中的应用及影响

（1）精准教学与管理

大数据技术在教学与管理方面的应用，无疑为现代教育注入了新的活力。通过系统地收集并分析学生在学习过程中产生的各种数据，大数据技术为教师提供了一种前所未有的视角，使他们能够更深入地了解学生的学习状态和需求。这些数据涵盖了学生作业完成情况、课堂参与度、在线学习行为等多个维度，为教师绘制出一幅细致且全面的学生学习画卷。

利用这些数据，教师可以精确地掌握每个学生的学习进度和难点，从而为他们量身打造更合适的教学策略。例如，对于学习进度较慢的学生，教师可以提供额外的辅导材料或进行一对一的指导；对于学习进度较快的学生，教师可以为他们设计更高层次的挑战，以满足他们的求知欲。这种精准的教学与管理方法，不仅提高了教学效果，还确保了每位学生都能在最适合自己的学习环境中茁壮成长。

（2）个性化学习路径推荐

在大数据技术的支持下，学习分析已经变得更为深入和细致。通过对学生学习过程中的各种数据进行挖掘和分析，我们可以揭示出每个学生的学习偏好、能力和需求。这些数据包括但不限于学生的学习时长、完成任务的效率、对特定类型题目的反应时间等。

基于这些丰富的数据，我们可以为学生推荐更加个性化的学习路径和资源。例如，对于视觉学习者，我们可以推荐更多以图表和图像为主的学习材料；对于听觉学习者，我们则可以提供音频讲解或讲座。这种个性化的学习方式，不仅能够激发学生的学习兴趣，还能使他们在学习过程中保持更高的积极性和自主性，从而显著提升学习效果。

（3）教育政策与决策支持

大数据技术在教育政策和决策制定中也发挥着不可或缺的作用。通过对全国或地区范围内的教育数据进行全面而深入的分析，我们可以更准确地了解当前教育的现状和存在的问题。这些数据包括了学生的学习成绩、学校的师资力量、教育资源的分配情况等多个方面。

有了这些数据的支持，教育部门和学校在制定教育政策、分配教育资源以及优化教育流程时，就能更加科学、合理地进行决策。例如，通过分析学生的学习成绩数据，我们可以发现某些学科或知识点的教学存在不足，从而及时调整教学大纲或教学方法；通过分析学校的师资力量数据，我们可以更合理地分配教师资源，确保每个学校都能拥有优秀的教师队伍。这样，不仅能提高教育的整体质量，还能确保每位学生都能享受到公平而优质的教育资源。

3. 云计算在教育中的应用及影响

（1）教育资源共享与协同

云计算技术的兴起，为教育资源的共享与协同开辟了新的道路。通过先进的云服务平台，教师现在能够轻松地将教学资源上传至云端，实现资源的集中存储与高效管理。这一变革不仅为教师提供了一个便捷的渠道来分享他们的教学材料，同时也为学生打造了一个随时随地访问学习资源的平台。更重要的是，云计算技术打破了时间和空间的限制，让学生无论身处何地，都能轻松获取到优质的教育资源，从而极大地降低了教育资源的获取成本。这种共享与协同的模式不仅优化了教育资源的分配，还有力地推动了教育公平的实现，让更多人有机会接触到高质量的教育内容。

（2）在线教学与学习平台

云计算技术的强大支持，为在线教学和学习平台的蓬勃发展注入了新的活力。这些平台如今能够为学生提供琳琅满目的在线课程和学习资源，涵盖各个学科和领域，满足不同学生的多样化需求。同时，这些平台还支持实时互动功能，让学生在远程学习中依然能感受到如同课堂般的互动氛围。在线测试和作业提交功能则进一步强化了学习过程的管理和评估，使教师和学生能够更清晰地了解学习进度和效果。特别是在疫情防控期间，这种在线教学方式迅速成为主流，其灵活性和便捷性得到了广泛认可，为推动教育的数字化转型贡献了重要力量。

（3）弹性扩展与资源优化

云计算技术所带来的弹性扩展能力，对于教育机构而言，意味着能够根据实际需求灵活调整计算资源，无需再受制于固定的硬件投入。在高峰期，如开学季或大型在线考试时，教育机构可以通过迅速增加云服务器数量，轻松应对激增的访问量，确保服务的稳定性和流畅性。而在需求较低的时期，则可以适时减少服务器数量，以降低运营成本。这种弹性扩展的特性，不仅显著提高了教育机构的运营效率，使其能够更加灵活地应对各种挑战，还有助于实现资源的优化配置，减少不必要的浪费，从而为教育机构创造更大的社会价值和经济效益。

4. 未来发展趋势预测

（1）深度融合与创新发展

随着人工智能、大数据和云计算等尖端技术的持续进步，它们正日益与教育领域实现更深层次的融合，催生出前所未有的创新应用。我们可以清晰地预见到，未来必将涌现出更多的智能化教学工具，这些工具将彻底颠覆传统的教学模式，为教师和学生提供更为高效、便捷的学习体验。同时，个性化学习方案也将成为主流，它们能够根据每个学生的学习特点、兴趣和进度，量身定制独特的学习路径，从而最大限度地激发学生的学习潜能。此外，智慧校园解决方案的兴起，将使得学校的管理更加智能化、精细化，为师生创造一个更加安全、舒适、便捷的学习环境。这些创新应用的涌现，无疑将为教育带来一场深刻的革命性变革，推动整个教育行业迈向一个全新的高度。

（2）全球教育资源共享与合作

在云计算等先进技术的推动下，全球范围内的教育资源共享与合作正逐步成为现实。通过搭建国际间的云服务平台，不同国家和地区的教育机构得以轻松分享和交流各自的优质教育资源。这种跨地域、跨文化的教育合作，不仅有助于丰富教育内容，提升教育质量，更能促进全球教育的均衡发展。各国教育机构可以相互借鉴、共同进步，从而为全球学生提供更加多元、高质的学习资源和服务。这一趋势将有力地推动全球教育事业的繁荣与发展，培养出更多具有国际视野和跨文化沟通能力的人才。

(3) 终身学习与个性化发展

新技术的迅猛发展，使得终身学习不再是一个遥不可及的梦想，而是逐渐成了社会的主流趋势。在这样一个时代背景下，每个人都可以根据自己的需求和兴趣，在任何时间、任何地点进行自由的学习，不断提升自我能力。同时，随着教育技术的不断创新，个性化发展也得到了前所未有的关注和支持。每个人的学习路径和发展方向都将更加多样化和个性化，教育将真正做到因材施教、量身定制。这种以学习者为中心的教育理念，将极大地激发人们的学习热情和创造力，推动整个社会不断进步和发展。

综上所述，人工智能、大数据和云计算等新技术对教育产生了深远而广泛的影响，展现出了无比广阔的发展前景。它们不仅从根本上改变了传统的教学方式和方法论体系，还为教育带来了前所未有的重大机遇和严峻挑战。因此，我们应该以更加开放的心态积极拥抱这些新技术，不断探索并实践它们在教育领域中的更多应用可能性。通过持续的创新和发展，我们有望推动整个教育行业实现质的飞跃，为人类的未来谱写出更加辉煌的篇章。

5.1.2 分析教育模式在新技术推动下可能发生的变革，如个性化学习、混合学习等

随着 AI、大数据、云计算等新技术在教育领域的深入应用，传统教育模式正面临着前所未有的变革。新技术不仅改变了教学内容的传递方式，还推动了教育理念和教学方法的革新。以下将详细分析在新技术的推动下，教育模式可能发生的变革，特别是个性化学习和混合学习的发展

趋势。

1. 个性化学习的发展趋势

（1）个性化学习的理论基础

个性化学习，作为一种教育理念，深刻地体现了以学生为中心的教学思想。这一理念认识到，每一位学生都是独一无二的个体，拥有各自的学习风格、兴趣爱好和学术能力。因此，个性化学习致力于根据学生的个体差异，提供量身定制的学习资源和路径。在大数据和 AI 技术的有力支撑下，教育机构现在能够系统地收集并分析学生的学习数据，从而更精确地理解学生的需求，为他们打造更符合个人特点的教学方案。这不仅有助于提升学生的学习效果，更能培养他们的学习兴趣和自主学习能力，进一步体现了教育的人性化和高效性。

（2）新技术在个性化学习中的应用

在个性化学习的实践中，新技术的应用发挥了至关重要的作用。其中，智能推荐系统便是一个典型的例子。这类系统依托于大数据分析和机器学习算法，能够深入地研究学生的学习历史和成绩，进而为他们推荐最适合的学习资源和练习题。这种智能推荐不仅提高了学习内容的针对性，也确保了学生在学习过程中的主动性和积极性。

此外，自适应学习平台的出现，更是将个性化学习推向了一个新的高度。这类平台利用 AI 技术，实时监控和评估学生的学习状态，根据学生的实际进度和能力，自动调整学习内容和难度。这种动态调整确保了每位学生都能在最适合自己的节奏和难度下进行学习，从而实现了真正意义上的个性化教育。

（3）个性化学习的实践效果

以某知名在线教育平台为例，该平台成功引入了智能推荐和自适应学习技术，致力于为每位学生打造个性化的学习方案。经过长期的实践应用，数据显示，学生的平均学习成绩得到了显著提高，同时，学生对学习的满意度也有了明显的提升。这一实践成果不仅验证了个性化学习理念的有效性，也为未来的教育改革提供了有力的参考和借鉴。可以预见，随着技术的不断进步和教育理念的持续创新，个性化学习将在未来教育中发挥更加重要的作用。

2. 混合学习的发展趋势

（1）混合学习的概念与特点

混合学习，又称 Blended Learning，代表着一种融合了传统面对面课堂教学与网络在线学习优势的新型学习方式。在这种模式下，传统的课堂讲授与现代的在线学习相互补充，形成了一种全方位、多层次的学习体验。混合学习的核心在于其灵活性，它允许学生根据自己的时间、节奏和兴趣来安排学习进程，从而最大限度地满足了个体化的学习需求。同时，混合学习并没有完全摒弃传统课堂的元素，尤其是那些重视人与人之间交流与互动的环节，如小组讨论、案例研究等，都被巧妙地融入其中。这样，混合学习不仅让学生享受到了在线学习的便捷与高效，还保留了传统课堂中难以替代的人际交往与思想碰撞。

（2）新技术在混合学习中的应用

在混合学习的实践中，新技术的运用无疑为其注入了更多的活力和可能性。其中，虚拟现实（VR）与增强现实（AR）技术的引入，为学习体验带来了革命性的变革。通过这些前沿技术，学生得以身临其境地置身于一个虚拟但逼真的学习环境中，进行各种实践操作，这种沉浸式的学习方式极大地提升了学习的兴趣和动力。例如，在探索宇宙科学的课程中，学生可以利用 VR 技术，“亲自”登上火星，感受那里的地貌和气候，这种直观且生动的体验无疑比任何文字或图片描述都更具吸引力。

与此同时，云计算技术的成熟和移动设备的普及，也为混合学习带来了前所未有的便利。云计算不仅让海量的学习资源得以高效存储和迅速传输，还确保了这些资源可以随时随地被访问和共享。而移动学习则进一步打破了学习的时空限制，无论是在公交车上、家中还是户外，学生都能利用碎片时间进行学习，这种灵活性和便捷性是传统学习方式所无法比拟的。

（3）混合学习的实践案例与效果评估

混合学习的实践已经在全球范围内展开，其中不乏成功的案例。某高中大胆地尝试了这种新型学习模式，在保持传统课堂教学精髓的同时，巧妙地融入了线上学习环节。学生在课前通过在线平台进行预习，课后则利用同一平台进行复习和作业提交，这种线上线下相结合的学习方式显著提高了学生的学习效率和自主性。而在课堂上，教师则更多地扮演了引导者和解答者的角色，负责组织深入的讨论和解答学生的疑问。经过一段时间的实践，不仅学生的参与度和学习效果有了显著提升，教师们也普遍反映，这种教学模式让他们能够更专注于教学质量和深度的提升，从而在一定程度上减轻了教学负担。这一实践案例充分证明了混合学习在提升教育质量、激发学生兴趣以及优化教师工作负担方面的巨大潜力。

3. 教育模式变革的挑战与对策

随着新技术的日新月异，教育模式正在经历一场空前的转型与重塑。然而，在这一波澜壮阔的变革之中，我们也遭遇了一系列前所未有的挑战。线上学习，作为一种新兴的教育形式，虽然为学生提供了前所未有的灵活性和便捷性，但如何确保其教育质量和实际效果，却成了一个亟待我们深入探索和解决的问题。

我们必须认识到，传统的面对面教学所具备的独特互动性和即时反馈机制，在线上环境中往往难以完全复制。这种缺失可能会影响学生的学习体验和知识吸收。因此，如何在线上环境中重新构建这些关键要素，使其能够与传统教学相媲美，甚至超越，成了我们面临的首要难题。

同时，线上与线下教学时间的配置问题也显得尤为复杂。线上学习的便捷性不言而喻，但长时间面对电子屏幕学习，无疑会加大学生的视觉疲劳，甚至对其身心健康产生不良影响。更为重要的是，对线上学习的过度依赖可能会削弱学生的社交技巧和团队协作能力，这是现代教育不可或缺的一部分。因此，教育机构需审慎思考如何在这两者之间找到一个微妙的平衡点，既能充分利用线上资源的广泛性和便捷性，又能确保线下活动的实践性和社交性得到必要的体现。

此外，学生的自律性和自主学习能力在这场变革中也显得尤为重要。线上学习模式要求学生具备更强的自我管理和自我驱动力，但现实情况是，并非每位学生都能迅速适应这种新型学习方式。在缺乏直接监督的情况下，一些学生可能会陷入松懈的学习状态，从而影响其学业成果。

为了有效应对这些挑战，教育机构需采取一系列具有针对性的措施。首先，建立健全线上学习的监管和评估体系至关重要。通过定期的学习进度跟踪、作业提交情况监控以及在线测试等多样化手段，教育机构可以实时掌握学生的学习动态，确保其学习进程不偏离既定目标。同时，借助大数据分析和人工智能等尖端技术，我们可以更深入地剖析学生的学习行为，及时发现潜在问题，并提供更为个性化的教学辅导。

其次，对于线上线下教学时间的规划也需更加科学和合理。教育机构应根据不同课程的特点和学生的学习需求，灵活调整线上线下教学的比重。例如，对于那些强调实践操作或团队协作的课程，可以适当增加线下教学的比重；而对于偏重于理论知识传授的课程，则可以通过线上平台进行有效传递。

最后，从长远来看，提升学生的自律性和自主学习能力同样关键。教育机构可以通过设置奖学金、荣誉称号等激励机制来激发学生的学习热情；同时加强与家长的紧密沟通与合作，共同引导学生形成良好的学习习惯和自我管理能力。此外，通过组织丰富多彩的线上线下活动如学习小组、研讨会等，不仅可以增强学生的集体归属感和团队协作能力，还能有效促进其全面发展。

综上所述，虽然教育模式变革中我们面临着诸多挑战，但只要我们不断探索和创新，通过加强监管评估体系建设、合理规划线上线下教学时间以及努力提升学生的自律性和自主学习能力等举措，我们就能够有效应对这些挑战，并推动整个教育行业朝着更加高效、个性化的方向发展。

4. 结论与展望

在新技术的强劲推动下，当今教育领域正迎来一场深刻的变革。个性化学习和混合学习等创新型教育模式逐渐崭露头角，成了教育领域的新星。这些新兴教育模式不仅显著提升了学生的学习成效和学习满意度，更赋予了教育机构以更大的灵活性和教学效率。它们能够根据学生的个体差异和学习需求，提供量身定制的学习路径和资源，从而实现了真正意义上的因材施教。

然而，欣喜之余，我们也必须清醒地认识到，这些新模式的实施并非一帆风顺。在实际操作过程中，我们不可避免地会遭遇各种挑战和问题，如技术难题、学生适应性问题、教育资源分配不均等。这些问题的存在，无疑会对新模式的推行和教育质量的提升构成一定的阻碍。

为了有效应对这些挑战，我们需要密切关注实施过程中的每一个环节，及时发现并解决问题。同时，我们还应积极探索和制定相应的对策，以确保教育质量的持续提升。这包括但不限于加强技术培训、优化课程设计、完善评估机制等多个方面。

展望未来，随着科技的持续进步和教育理念的日益革新，我们有充分的理由相信，教育模式将焕发出更加绚丽的光彩。未来的教育模式将更加多样化和个性化，它们将能够更好地满足学生的多元化需求，为学生的全面发展提供更加坚实的支撑。我们期待着，在这场教育变革的浪潮中，每一个学生都能找到属于自己的学习之路，实现自我价值的最大化。

5.2 我国中小学信息科技教育创新的长期规划与愿景

5.2.1 结合国家战略需求，提出中小学信息科技教育创新的长期规划

随着信息技术的迅猛发展，信息科技教育在中小学阶段的重要性日益凸显。为了响应国家战略需求，培养新时代所需的信息化人才，我们必须对中小学信息科技教育进行长远的规划与创新。以下将结合我国当前的国家战略需求，提出中小学信息科技教育创新的长期规划。

1. 国家战略需求与信息科技教育的关系

在新时代的背景下，随着全球信息化、数字化的浪潮不断推进，国家

对于信息化人才的需求显得愈加迫切。这种需求并非偶然，而是由当前国家发展的战略方向和全球经济格局所共同决定的。从“互联网+”行动计划的深入实施，到数字经济的蓬勃发展，再到人工智能技术的广泛应用，每一步国家战略的推进都离不开信息技术这一核心驱动力。

而信息技术的真正价值，不仅在于其技术本身，更在于运用这些技术的人才。具备高度信息素养和创新能力的人才，是推动信息化进程、实现国家战略目标的关键。他们能够理解、掌握并创新应用信息技术，从而在各个领域引领变革，推动社会进步。

正因如此，中小学信息科技教育的重要性愈发凸显。它不仅关乎每一个学生的个人成长和发展，更是培养未来信息化人才、夯实国家竞争力基石的关键环节。通过系统的信息科技教育，我们可以从小培养学生的信息素养，激发他们的创新思维，为他们未来在信息化领域大展宏图打下坚实的基础。这样，当这些学生成长为国家的栋梁之材时，他们将有能力推动国家在信息化道路上更快、更稳地发展，从而实现国家的长远繁荣与强大。

2. 长期规划的目标与原则

（1）目标

我们的首要目标是全面提升学生的信息素养。这不仅仅意味着使学生熟练掌握信息技术的基本操作和技能，更重要的是培养他们具备良好的信息意识、信息安全和信息道德。我们希望每一位学生都能在信息科技的学习中，深刻理解信息的价值和意义，学会如何在海量的信息中筛选、判断和利用有效信息，同时懂得保护个人隐私和企业机密，遵守信息伦理和法律规范。

其次，我们致力于培养学生的创新能力。我们希望学生能运用所学的信息技术知识，勇于尝试、敢于创新，通过实践去解决现实生活中的问题。在这个过程中，学生不仅能够锻炼自己的思维能力，还能培养团队协作和项目管理的能力，为未来的职业发展和社会贡献打下坚实的基础。

最后，我们期望通过信息科技教育的推广和应用，进一步促进教育的均衡发展。信息技术具有突破时空限制的特性，能够有效缩小城乡之间的教育差距，让更多的孩子享受到优质的教育资源。我们将通过信息技术的广泛应用，提高整体教育质量，为培养更多优秀人才贡献力量。

（2）原则

我们坚持以学生为中心的原则。在设计信息科技教育的内容和方法时，我们始终考虑学生的认知特点和发展需求，确保教育内容既符合学生的成长规律，又能激发他们的学习兴趣和动力。我们相信，只有真正以学生为中心，才能培养出既具备信息素养又具备创新精神的学生。

同时，我们强调实践与理论相结合的重要性。信息科技教育不仅仅是理论知识的传授，更重要的是培养学生的动手实践能力。我们将理论知识与实践操作紧密结合，让学生在实践中深化对理论知识的理解，提高解决实际问题的能力。

此外，我们倡导跨学科融合的教学理念。信息科技与其他学科之间有着密切的联系和互补性，我们将打破学科壁垒，促进信息科技与其他学科的深度融合。这种融合不仅能够拓宽学生的知识视野，还能培养他们的综合素养和创新能力。

最后，我们坚持信息科技教育的持续更新与发展。随着科技的飞速进步和社会需求的不断变化，我们将紧跟时代步伐，及时更新和完善信息科技教育体系。我们将不断引入新的技术、新的理念和新的教学方法，确保信息科技教育始终与时俱进，为学生的全面发展提供有力支持。

3. 长期规划的具体内容

（1）课程体系建设

在课程体系建设方面，我们需要致力于完善信息科技课程体系，以确保教育的连贯性和系统性。通过构建从小学到高中的一体化课程体系，我们能够根据学生在不同成长阶段的需求和特点，提供恰如其分的信息科技教育。这一连贯性的设计有助于学生循序渐进地掌握知识，夯实基础，并逐步提升信息科技的应用能力。

同时，为了使学生更好地适应时代的发展，课程体系中必须引入新兴技术的内容。包括人工智能、大数据、云计算等在内的前沿技术，应当成为课程内容的重要组成部分。这样，学生不仅能够跟上科技发展的步伐，还能在未来的职场竞争中占据有利地位。

此外，跨学科课程设计也是不可或缺的一环。通过开发跨学科课程，如 STEM（科学、技术、工程和数学）课程，我们可以打破传统学科的界限，促进知识的融合与创新。这种综合性的课程设计有助于培养学生的综合素养，提升他们解决复杂问题的能力。

（2）师资队伍建设

在师资队伍建设上，我们首先要加强师资培训，确保信息科技教师具备专业的技能和先进的教学方法。通过定期组织专业技能培训、教学方法研讨等活动，我们可以帮助教师提高教学水平，更新教育理念，从而更好地引导学生探索信息科技的奥秘。

同时，为了吸引更多优秀人才加入中小学信息科技教育的队伍，我们需要采取积极的人才引进策略。通过提供具有竞争力的薪酬待遇、良好的职业发展前景等，我们可以吸引那些具有信息技术背景和教育经验的人才，进一步壮大和优化我们的师资队伍。

另外，建立有效的激励机制也是至关重要的。通过政策扶持、物质奖励以及提供丰富的职业发展机会等方式，我们可以充分激发教师的工作热情和创新精神。这种激励机制不仅能够让教师感受到自己的价值被认可，还能促使他们更加投入地致力于信息科技教育事业。

（3）教学资源建设

在教学资源建设方面，我们需要打造一个功能全面的信息化教学平台。这个平台应该集教学资源共享、在线学习、互动交流等多种功能于一体，为教师和学生提供一个便捷、高效的学习环境。通过平台的支持，教师可以轻松获取丰富的教学资源，而学生则可以随时随地进行自主学习和交流。

同时，我们还需要不断丰富教学资源库。通过整合各类优质教学资源，包括课件、教案、练习题等，我们可以为教师提供更加丰富多样的教学素材。这样不仅可以减轻教师的备课负担，还能提高教学效果，激发学生的学习兴趣。

此外，促进校企合作也是教学资源建设的重要途径。通过与企业合作，我们可以共同开发适合中小学的信息科技教学产品和解决方案。这种合作模式不仅能够为学校带来先进的技术支持，还能为学生提供更加贴近实际的学习环境和实践机会。

（4）实践教学环节

实践教学环节在信息科技教育中占据着举足轻重的地位。为了让学生能够将理论知识与实际操作相结合，我们必须开展丰富的实验教学。通过建立信息科技实验室，并配备先进的实验设备和软件工具，我们可以为学生提供充足的实践操作机会。在实验过程中，学生能够亲身体验信息技术的应用魅力，从而加深对知识的理解和掌握。

同时，组织各类信息科技创新竞赛也是激发学生创新热情和实践能力的有效途径。通过定期举办校内外的信息科技创新竞赛活动，我们可以为学生提供一个展示自己才华的舞台。在竞赛中脱颖而出的优秀作品和团队还能获得进一步的扶持和推广机会，从而激励学生不断探索和创新。

最后，社会实践活动也是不可或缺的一部分。通过引导学生参与社会服务项目或实习实训等活动，我们可以帮助学生将所学信息科技知识应用于解决实际问题中。这种实践经历不仅能锻炼学生的团队协作能力、沟通能力和解决问题的能力等综合素养，还能为他们未来的职业发展奠定坚实基础。

4. 实施策略与保障措施

（1）实施策略

政策支持在实施中小学信息科技教育中扮演着至关重要的角色。我们需要制定明确的政策，确立中小学信息科技教育在国家教育体系中的重要地位，并阐明其对培养新时代人才、推动社会信息化进程的关键作用。这样的政策不仅能为教育的实施提供坚实的保障，还能引导各级教育部门和学校将信息科技教育纳入重点发展规划，确保其得到应有的重视和资源投入。

资金投入是推动中小学信息科技教育发展的另一重要支柱。我们必须加大对这一领域的资金投入力度，确保各项教育规划和项目的顺利实施。资金将用于提升学校的信息科技设施，改善教学条件，支持教师的专业发展，以及促进创新教学方法的研发和应用。通过充足的资金投入，我们可以为中小学信息科技教育的高质量发展奠定坚实基础。

同时，社会协同也是不可或缺的一环。我们需要加强学校、家庭、社会三方之间的紧密合作与沟通，形成教育合力，共同推进中小学信息科技教育的深入发展。这种协同合作将有助于整合资源，拓宽教育渠道，为学生提供更加丰富多样的学习体验和实践机会。通过全社会的共同努力，我们可以为孩子们营造一个更加良好的信息科技学习环境。

（2）保障措施

为了确保中小学信息科技教育的有效实施，我们必须建立健全的评价体系。这一体系应基于科学合理的评价标准和方法，定期对中小学信息科技教育进行全面评估和监督。通过评价结果的反馈，我们可以及时了解教育实施的成效和问题，进而调整和优化教育策略，确保教育目标的实现。

加强宣传推广也是保障措施中的重要一环。我们需要通过各种渠道和媒体，积极宣传中小学信息科技教育的重要性和成果，提高全社会对这一领域的认知度和支持度。通过广泛的宣传，我们可以增强公众对信息科技教育的理解和认同，为其实施营造良好的社会氛围。

此外，建立反馈机制也是至关重要的。我们应设立专门的反馈渠道，及时收集师生、家长和社会的意见和建议。这些宝贵的反馈将有助于我们不断完善和优化信息科技教育体系，确保其更加贴近实际需求，更具针对性和实效性。

综上所述，结合国家战略需求提出中小学信息科技教育创新的长期规划具有深远的意义。通过实施完善的课程体系、加强师资队伍建设、丰富教学资源库以及开展实践教学等策略，并辅以健全的保障措施，我们将能够全面提升我国中小学信息科技教育的整体水平。这将有助于培养出更多具备信息素养和创新能力的新时代人才，为国家的发展做出更大的贡献。

5.2.2 描绘未来我国中小学信息科技教育的愿景和目标

在我国中小学信息科技教育的未来愿景中，我们期望看到一个充满活力、与时俱进的教育生态系统，这个系统将紧密围绕学生的全面发展，尤其是信息素养和技术创新能力的培养。以下是对这一愿景的详细描绘。

1. 全面培养学生的信息素养

未来的中小学信息科技教育，致力于实现一个核心愿景，即全面而深入地培养学生的信息素养。信息素养这一概念，远超出单纯的信息技术操作技能，它更是一种综合素养的体现，其中包括了信息意识、信息安全和信息道德等多个重要层面。我们期望学生通过系统的信息科技教育，不仅能够熟练掌握各类信息技术的操作，更能够深刻理解信息的内涵与价值，学会在浩如烟海的信息海洋中高效、安全地获取、处理和利用所需的信息。

更为重要的是，我们强调学生应具备良好的信息道德观念。在数字化时代，信息的传播速度和范围都是前所未有的，这就更加凸显了信息道德的重要性。学生需要明白，信息的获取和使用都应在尊重知识产权、保护个人隐私的基础上进行。

为了实现这一愿景，我们将通过精心设计的信息科技课程，引导学生学习如何识别和评估网络信息的真实性和可靠性。在这个过程中，学生将学会批判性思维，不盲目接受所有网络信息，而是能够去伪存真，提炼出有价值的信息。同时，课程还将教授学生如何在遵守知识产权和隐私权的前提下，合理利用丰富的网络资源，这既是对他人劳动成果的尊重，也是对自身权益的保护。

此外，防范网络欺诈和网络攻击也是信息素养中不可或缺的一部分。学生将通过课程学习，了解各种网络安全风险，并掌握相应的防范措施，从而在数字化时代中更加自信、从容地应对各种挑战。

综上所述，全面培养学生的信息素养，不仅关乎技术的掌握，更在于培养学生的信息意识、信息安全和信息道德，使他们在面对复杂多变的数字环境时，能够做出明智的决策，有效保护个人隐私，并积极维护网络空间的健康与安全。这样的教育理念，将为学生的未来发展奠定坚实的基础，助力他们在数字化时代中勇往直前。

2. 激发学生的技术创新潜力

中小学信息科技教育的另一项关键愿景，是通过精心设计的教育和培训项目，深度激发学生的技术创新潜力。在科技飞速发展、技术革新层出不穷的当下社会，培育学生的创新精神和创造力显得尤为重要。这不仅是为了回应时代对新型人才的需求，更是为了赋予学生面对未来挑战的能力和自信。

为了实现这一目标，未来的信息科技课程将被设计得更加富有实践性和探究性。课程将不再局限于传统的理论教学，而是鼓励学生通过亲身实践、动手操作来寻找问题的答案，进而在这一过程中创造新的价值。这种以实践为导向的教学模式，不仅能够增强学生的实际操作能力，更能在实践中激发他们的创新思维。

在信息科技课程中，学生将有机会接触到诸如编程、机器人技术、3D打印等前沿科技领域的知识与技能。这些技术的引入，不仅使课程内容更加丰富和多元，同时也为学生打开了探索和创新的大门。通过项目式学习的方法，学生可以将所学技术应用于解决实际问题的过程中，这种学习方式将极大地提高他们的学习兴趣和动力，同时也锻炼了他们的问题解决能力。

除此之外，学校还将积极举办各类科技创新竞赛，为学生提供一个展示自我、交流思想的平台。在这些竞赛中，学生可以将自己的创新成果呈现出来，接受来自同龄人和专家的评价与建议。这样的经历不仅能够进一步激发学生的创新热情，还能够帮助他们在交流与比较中不断完善自己的创新理念和实践能力。

综上所述，通过富有实践性和探究性的课程设计，以及科技创新竞赛的举办，中小学信息科技教育旨在全面激发学生的技术创新潜力，培养他们的创新精神和实践能力。这将为他们未来在科技领域的深入探索和创新实践奠定坚实的基础。

3. 构建跨学科融合的教学模式

未来的中小学信息科技教育将致力于打破学科壁垒，积极构建跨学科融合的教学模式。在这一模式下，信息科技不再作为一门孤立的学科存在，而是与数学、科学、艺术等其他学科紧密交织，共同构建一个多元化、综合性的知识体系。

通过精心设计的跨学科教学方案，学生将有机会在解决实际问题的过程中，综合运用多学科的知识和技能。这种教学模式旨在培养学生的全面思维能力，使他们能够从多个角度审视问题，提出更具创新性和实用性的解决方案。

在实施跨学科融合的教学模式时，我们将注重学科之间的内在联系和逻辑关系。例如，在学习环境保护的主题时，学生将不仅局限于了解环境问题的现状和成因，还将通过信息科技手段深入探索环境数据的收集、分析和处理方法。在这一过程中，学生将结合地理、生物等学科知识，综合运用各种技能和方法，提出切实可行的环境保护方案。

此外，跨学科融合的教学模式还将有助于培养学生的团队合作精神和解决问题的能力。在跨学科的项目式学习中，学生需要与来自不同学科背景的同学紧密合作，共同完成任务。这样的学习环境将促使学生学会倾听他人的意见，尊重不同学科的观点，并在协商和妥协中达成共识。同时，通过解决实际问题，学生将不断提升自己的问题解决能力，为未来面对复杂多变的挑战做好充分准备。

综上所述，构建跨学科融合的教学模式是中小学信息科技教育的重要发展方向。通过打破学科壁垒，综合运用多学科知识，我们将培养出更具创新思维和全面素养的学生，为他们的未来发展奠定坚实基础。

4. 实现个性化与终身学习

随着大数据、人工智能等尖端技术的迅猛发展，未来的中小学信息科技教育正迎来前所未有的变革，其中最为引人注目的便是实现更加个性化和终身化的学习。这一愿景旨在打破传统教育的“一刀切”模式，让每个学生都能享受到量身定制的学习体验，从而最大限度地激发他们的学习潜能和兴趣。

在个性化学习方面，我们将借助先进的大数据分析和人工智能技术，对学生的学习习惯、能力水平、兴趣爱好等进行全面而深入的分析。基于这些数据，我们将能够为每个学生设计出最符合他们自身特点的学习路径和资源推荐。这意味着，每个学生都将获得与众不同的学习方案，以满足他们独特的成长需求。无论是对于理论知识的深入学习，还是实践技能的操作训练，都将根据个人的实际情况进行精准匹配，从而确保学习效果的最大化。

同时，我们也致力于推动信息科技教育的终身化。在这个知识更新迅速的时代，终身学习已经成为每个人不可或缺的能力。因此，我们将信息科技教育贯穿学生的整个学习生涯，为他们提供持续学习和自我提升的机会。无论学生处于哪个学习阶段，都能找到适合自己的学习资源和发展空间。这不仅有助于他们不断拓展和深化自己的知识体系，更能培养他们适应未来社会变革的能力。

为了实现这一愿景，我们将积极引入智能教学系统。这些系统能够根据学生的学习进度和实时反馈，智能地调整教学内容和难度。这样，教师就能更加精准地把握每个学生的学习状态，确保他们都能在最适合自己的节奏中进行学习。此外，我们还将充分利用丰富的在线资源和社交平台，为学生提供更多自主学习的机会和互动交流的空间。通过这些平台，学生可以随时随地获取最新的知识信息，与同伴分享学习心得和成果，从而在相互激励中共同进步。

综上所述，借助大数据和人工智能技术的支持，未来的中小学信息科技教育将实现更加个性化和终身化的学习。这不仅是对传统教育模式的重大突破，更是对学生个体差异和成长需求的充分尊重。我们相信，在这样的教育环境下，每个学生都能找到属于自己的成长道路，为未来的成功奠定坚实基础。

5. 案例分析与愿景落地

为了更具体、更生动地阐明这一宏伟愿景的可行性与实践意义，我们可以从全球范围内搜寻并剖析那些先进的教育实践案例。这些案例，如同明亮的灯塔，在教育的海洋中为我们指明方向，提供可借鉴的宝贵经验。

例如，在某些前沿地区，学校已经勇敢地迈出了跨学科信息科技项目式学习的步伐。在这些学校里，学生们在教师的引导下，围绕真实世界的问题与挑战，开展了深入而富有创造性的探索。他们不仅在实践中锤炼了信息素养，更在解决问题的过程中，激发了创新思维，锻炼了团队合作能力。这些成功案例，无疑为我们描绘出了一幅生动而富有活力的教育画卷，也为我们实现愿景提供了有力的支撑和参考。

然而，将愿景变为现实，绝非一蹴而就的事情。这需要政府、学校、家长以及社会各界的通力合作与共同努力。政府应当进一步加大对中小学信息科技教育的投入，提供必要的政策支持和资金保障。学校则需不断完善教学设施，丰富教学资源，并着力提升教师的专业素养，确保他们具备引导学生探索信息科技领域的能力。同时，家长们的理解和支持也是不可或缺的，他们应当积极参与到孩子的信息科技教育中，与孩子共同成长，共同探索。

此外，社会各界的关注和支持也是推动愿景实现的重要力量。企业、科研机构等可以通过提供实习机会、技术支持等方式，为中小学信息科技教育注入新的活力和资源。

综上所述，未来我国中小学信息科技教育的愿景是宏伟而具体的：我们期望通过全面培养学生的信息素养和技术创新能力，构建跨学科融合的教学模式，实现个性化与终身学习，从而培养出能够适应新时代需求的高素质人才。这一愿景的实现，需要全社会的共同努力和持续创新。我们坚信，只要大家齐心协力，这一美好愿景定能变为现实，为我国的未来发展奠定坚实的人才基础。

6 结语

6.1 对当前工作的反思与总结

6.1.1 回顾本书所探讨的主题和内容，总结当前工作的亮点与不足

在《中小学信息科技教育创新与实践》一书中，我们全面而深入地探讨了当前我国中小学信息科技教育的现状、挑战、创新的理论依据与实践策略。通过详细的剖析和案例研究，本书旨在为新时代背景下的中小学信息科技教育改革与发展提供有力的理论支撑和实践指导。

1. 亮点总结

本书对中小学信息科技教育进行了深入且全面的现状分析。凭借丰富的数据和扎实的实地调研，我们详细剖析了当前信息科技教育的普及程

度、师资状况、课程内容与教学方法，以及学生的认知与兴趣。这些分析不仅揭示了教育资源分配的不均衡问题，例如城乡之间的差异和不同学校之间的开设情况对比，而且为我们提供了珍贵的一线教育信息和真实反馈。这样的深度分析，为后续的教育政策制定和资源优化调整奠定了坚实的基础。

在理论探讨方面，本书展现了其独特的创新性。我们并未满足于仅仅描述现状，而是进一步深入探索了信息科技教育创新的理论根基。通过将先进的建构主义、TPACK 理论等教育理论与信息科技教育紧密结合，我们为教育实践中的创新举措提供了稳固的理论支撑。这种跨学科的融合思考方式，将助力教育工作者在教学实际中更加自如地运用多样化的教育理论，从而有效提升教学质量。

本书的实践篇章同样精彩纷呈，其中汇集了众多富有创新性的信息科技课程设计与实施案例。这些案例广泛覆盖了小学阶段的信息科技启蒙教育、中学阶段的编程思维与人工智能教育的初步探索，以及跨学科融合的信息科技教学新模式。这些实例不仅具备高度的实际操作性，而且为身处教育一线的工作者们提供了直观且实用的参考和借鉴。

在评价体系方面，本书也提出了独到的见解。我们深入探讨了信息科技教育评价体系的改革与实践，特别强调了过程性评价与形成性评价的灵活运用，同时倡导构建知识技能与创新能力并重的多维度评价指标。这种多元化、综合性的评价方式，将更准确地反映学生的学习进展和能力提升情况，为培养全方位发展的人才提供了坚实的评价依据。总体而言，本书在现状分析、理论探讨、实践案例以及评价体系等多个方面均展现出其独特的亮点和价值。

2. 不足之处

首先是数据时效性的问题。本书虽然运用了丰富的数据进行深入剖析，然而，这些数据主要聚焦于一个特定的时间节点或区间，可能难以精准捕捉中小学信息科技教育的最新演变态势和长期趋势。因此，为了更准确地洞察教育领域的动态变化，我们需要构建更为高效、系统的数据收集和持续更新机制。这样，我们才能确保所依赖的数据始终与时俱进，进而得出更具现实意义和前瞻性的分析结论。

其次，地域性差异的分析在本书中略显薄弱。尽管我们已对城乡及不同学校间的差异有所触及，但在探讨不同地域，比如东部沿海地区与广阔西部地区之间的信息科技教育发展鸿沟方面，我们的研究尚显不足。地域差异对于教育资源的合理配置以及教育战略的科学制定具有不可忽视的影响。因此，这将成为我们未来研究的一个重要方向和突破口。

再次，关于实践案例的适用性，也是我们需要进一步深思的。本书所列举的案例，虽然在一定程度上具有典型性和启发性，但它们的广泛适用性还有待进一步检验。鉴于不同学校和地区的教育环境以及学生特性的多样性，这些案例在实际推行中可能需要因地制宜地进行调整和优化。

最后，评价体系的实施细节同样需要我们进一步细化和完善。书中虽然提出了评价体系的改革方向和多元化构想，但在具体操作层面，如评价工具的研发、评价标准的细化和实施流程的制定等方面，我们的探讨尚显粗略。为了让一线教师能够更为便捷地理解和运用这一评价体系，我们还需投入更多精力，对评价体系的实施步骤和操作指南进行精细化打磨。

综上所述，《中小学信息科技教育创新与实践》一书，在为我们提供全面现状分析、深入理论探讨和实践策略的同时，也暴露出了一些研究上的不足。这些不足不仅为我们指明了未来研究的方向，也激发了我们在中小学信息科技教育领域进行更深层次探索的热情和动力。

6.1.2 从实践中提炼经验教训，为未来工作提供参考

在中小学信息科技教育的创新与实践的征途上，我们积累了丰厚的经验教训，这些珍贵的实践智慧不仅为当前的教育工作提供了深刻的指导，更为未来的教育领域铺设了坚实的基石。

1. 在信息科技教育中，理论与实践的交融不可或缺

纯粹的理论教学往往显得空洞，难以激发学生的兴趣，而缺乏理论指导的实践又容易陷入盲目。因此，找到二者之间的最佳结合点，让学生在实践中深化理论，同时又能用理论来指导实践，成了我们追求的目标。例如，在某些前沿的教学实践中，教师通过将编程教育与数学、科学等学科紧密结合，让学生在解决实际问题的过程中掌握编程技能，这不仅锻炼了学生的实践能力，还极大地提升了他们对相关学科的理解与热爱。这种教学模式的转变，实际上是将知识从纸上谈兵转化为实战演练，其效果自然不言而喻。

2. 教师在整个信息科技教育过程中扮演着举足轻重的角色

他们的专业素养、教学能力以及对新技术的接受和运用能力，都直接关系到学生的学习效果和创新能力。一个优秀的教师，不仅能够传授知识，更能够点燃学生心中的求知之火，引导他们探索未知的领域。因此，我们深知，提升教师的专业素养和教学能力，是推动信息科技教育发展的关键所在。未来，我们将更加重视教师的继续教育和专业培训，确保他们

始终站在科技前沿，为学生带来最新、最全面的知识。

3. 教育资源的合理配置与高效利用对于提升信息科技教育质量十分重要

在一些地区，由于历史、地理、经济等多重因素的影响，教育资源的分布并不均衡，这直接导致一些学校在信息科技教育方面的发展滞后。为了打破这一瓶颈，我们积极探索并实施了线上线下相结合的教育资源整合策略。我们借助先进的网络技术，通过搭建云教育平台等方式，将散落在各地的优质教育资源进行数字化整合，并实现了跨地域、跨学校的共享。这样一来，即便是地处偏远、资源相对匮乏的学校，也能接触到前沿的教学内容和教学方法。同时，我们还定期组织线下教育交流研讨会，邀请各地教育专家和优秀教师分享他们的教学经验和创新实践，以此促进不同地区、不同学校之间的深度交流与合作。

这些举措的实施，极大地提高了教育资源的使用效率，有效地缓解了地区间、学校间的教育不平等现象，为信息科技教育的均衡发展奠定了坚实的基础。在信息科技教育的评价体系改革方面，我们也迈出了坚实的步伐。传统的以单一考试成绩为标准的评价方式，已经难以适应新时代信息科技教育对学生全面发展、创新能力培养的要求。鉴于此，我们致力于构建一个更加多元化、综合性的评价体系。这个新的评价体系不仅关注学生的知识掌握情况，更重视他们的实践操作能力、团队协作能力、创新思维以及问题解决能力等多方面的发展。

为了实现这一目标，我们引入了项目式学习、作品集展示等新型评价方式。例如，在项目式学习中，学生需要围绕某个主题或问题，进行深入的探究和实践，最终完成一个具有实际意义的项目或作品。这种评价方式不仅能够全面、真实地反映学生的综合素质和能力水平，还能极大地激发他们的学习热情和创新精神。

4. 家校合作在信息科技教育中的不可或缺性

家庭，作为孩子成长的摇篮和第一教育场所，其影响力深远且持久。在信息科技迅猛发展的时代背景下，家长们对信息科技教育的认知和态度，无疑会对孩子的学习兴趣和动力产生直接影响。因此，将家庭纳入信息科技教育的体系之中，形成家校共育的良好氛围，显得尤为关键。为了加强家校之间的紧密联系与深度合作，我们通过多种渠道和方式，如定期的家长会、线上互动交流平台等，积极与家长进行沟通和交流。这不仅有助于及时了解学生在家的学习情况和心理状态，更能为家长提供专业的教育指导和建议，从而帮助他们更好地支持和引导孩子的信息科技学习。在与家长的合作中，我们强调信息科技教育不仅仅是技能的传授，更是思维方式和创新能力的培养。我们鼓励家长与孩子共同参与信息科技相关的活动，如编程挑战、科技制作等，这不仅能增进亲子间的情感交流，更能激发孩子对信息科技领域的兴趣和热情。通过这种方式，家庭成了孩子信息科技素养提升的重要助力，与学校共同承担起培养新时代科技人才的重任。

综上所述，从实践中我们提炼出了宝贵的经验教训：理论与实践的紧密结合、教师的专业素养提升、教育资源的合理配置和利用、多元化的评价体系以及家校合作等方面都是提升中小学信息科技教育效果的关键因素。这些经验教训不仅对我们当前的工作有着深刻的指导意义，更为未来的教育工作提供了有价值的参考。我们将继续秉承这些经验教训，不断探索和创新中小学信息科技教育的模式和方法，为培养更多具备信息素养和创新能力的新时代人才贡献力量。

6.2 对未来工作的建议与期待

6.2.1 针对政策制定者、教育工作者和家长等不同群体，提出推动中小学信息科技教育创新的具体建议

在推动中小学信息科技教育创新的过程中，政策制定者、教育工作者和家长都扮演着至关重要的角色。针对这些不同的群体，我们需要提出具体而切实的建议，以确保信息科技教育能够在各个层面得到有效推进。

1. 针对政策制定者的建议

针对政策制定者在推动信息科技教育创新中的重要角色，以下是对其提出的详细建议。

第一，政策制定者应着手制定一份明确且前瞻性的信息科技教育战略规划。这一规划不仅需要紧密结合国家的宏观发展战略和教育改革的总体方向，更需要深入到信息科技教育的每一个层面，明确列出各个发展阶段的具体目标、核心任务以及实施时间表。这样一份详尽的战略规划将为各级教育机构在实施信息科技教育时提供科学、系统的指导，确保每一步都稳健而富有成效。

第二，对信息科技教育的投入必须得到实质性的增加。政策制定者应调拨更多的财政资源，专门用于改善学校的信息科技硬件设施，包括但不限于先进的计算机设备、高速稳定的网络环境以及丰富多样的教学软件资

源。同时，建议设立一个专项基金，专门用于支持信息科技教育领域内的研发活动和创新实践，从而持续推动该领域的技术进步和教育模式革新。

第三，教育信息化标准的制定与完善同样至关重要。政策制定者应会同教育专家和技术人员，共同制定出一套既科学又实用的教育信息化标准体系。这一体系应全面覆盖教学资源的质量要求、教学平台的功能规范、教师培训的内容框架等关键领域，从而确保信息科技教育的每一环节都能达到既定的质量标准，真正实现教学效果的最大化。

第四，优化教育资源的配置也是政策制定者需要关注的重要方面。通过制定具有针对性的政策措施，引导教育资源在城乡之间、不同区域之间实现更为均衡的分配。这不仅能有效缩小地域间的教育差距，更能确保每一位学生都能平等地享受到高质量的信息科技教育。

第五，政策制定者应积极推动校企之间的深度合作。通过出台一系列激励政策，鼓励信息技术产业界与教育领域的有机融合。这种合作模式不仅能为学生提供更为广阔的实践平台和就业渠道，更能促使学校和企业双方在技术研发、人才培养等多个方面实现优势互补，共同推动信息科技教育的持续创新与发展。

综上所述，政策制定者在推动信息科技教育创新中肩负着重大责任。只有通过制定明确的战略规划、加大投入、完善标准、优化资源配置以及促进校企合作等多方面的综合施策，才能确保信息科技教育在新时代背景下实现高质量、可持续的发展。

2. 针对教育工作者的建议

教育工作者在信息科技教育创新的推进中扮演着举足轻重的角色，他们不仅是知识的传播者，更是学生探索信息科技世界的引路人。以下是对教育工作者的四点建议，以期他们在信息科技教育领域中能够发挥更大的作用。

第一，教育工作者需要不断更新自己的教育理念和教学方法。在信息科技日新月异的今天，传统的教学模式已经难以满足学生的需求。因此，教育工作者应积极接触并学习最新的教育理念，如建构主义、TPACK 理论等，这些理念能够为信息科技教学实践提供有力的指导。同时，他们还应勇于探索和创新教学方法，如项目式学习、翻转课堂等，这些方法有助于激发学生的学习兴趣，培养他们的创新思维和实践能力。

第二，教育工作者应积极参与教师培训和专业发展活动。信息科技领域的知识和技术更新迅速，教育工作者要想跟上时代的步伐，就必须不断提升自己的专业素养和教学水平。通过定期参加信息科技教师培训，他们可以及时了解并掌握最新的教学技能和工具，从而为学生提供更优质的教育服务。同时，专业发展也是教育工作者拓宽知识面、提升自我价值的重要途径。

第三，教育工作者在信息科技教学中应注重跨学科的融合。信息科技并非孤立存在，而是与数学、科学等多个学科紧密相连。通过跨学科的教学设计，教育工作者可以帮助学生建立更加全面的知识体系，提升他们综合解决问题的能力。这种融合式的教学不仅有助于提高学生的综合素质，还能为他们未来的职业发展奠定坚实的基础。

第四，教育工作者应始终关注学生的个性化需求。每个学生都是独一无二的个体，他们有着各自独特的学习方式和兴趣点。为了满足学生的个性化需求，教育工作者需要提供定制化的教学方案和学习资源，确保每个学生都能在信息科技教育中找到自己的位置，实现自我价值的最大化。

综上所述，教育工作者在信息科技教育创新中扮演着至关重要的角色。他们需要通过不断更新教育理念、积极参与教师培训、注重跨学科融合以及关注学生个性化需求等方式，来不断提升自己的专业素养和教学能力，从而为学生提供更加优质、全面的信息科技教育服务。

3. 针对家长的建议

家长在孩子成长过程中的作用举足轻重，尤其在信息科技教育方面，他们的支持和引导对于孩子形成正确的科技观念、培养良好的学习习惯至关重要。以下是对家长们的四点建议，希望能够帮助他们在孩子的信息科技教育中发挥更加积极和有效的作用。

首先，家长应当努力为孩子营造一个良好的家庭学习氛围。这不仅包括为孩子提供宽敞明亮的学习空间、配备必要的学习设备和资源，更包括给予孩子精神上的鼓励和支持。家长可以通过与孩子共同制定学习计划、设立学习目标等方式，激发孩子对信息科技知识的兴趣和热爱，引导他们在家中进行自主学习和探索。

其次，家长需要引导孩子正确使用信息技术。在数字时代，信息技术已经渗透到我们生活的方方面面，然而，网络中也充斥着各种诱惑和风险。家长应当教育孩子如何甄别网络信息、合理安排上网时间，避免沉迷于网络游戏和社交媒体。同时，家长还可以引导孩子利用信息技术进行有益的学习和娱乐活动，如观看科普视频、参加线上编程课程等，让孩子在享受科技带来的便利和乐趣的同时，也能够不断提升自己的信息素养和综合能力。

再次，家长可以与孩子共同学习信息科技知识。这不仅能够增进亲子关系，还能够帮助孩子更好地理解和掌握相关知识。家长可以利用业余时间陪伴孩子一起参加信息科技课程和活动，如一起编程、制作简单的电子作品等。通过亲子互动和实践操作，孩子能够更加深入地了解信息技术的魅力和应用价值，从而更加积极地投入信息科技的学习中。

最后，家长还需要密切关注孩子的网络安全问题。随着网络技术的不断发展，网络安全问题也日益凸显。家长应当加强对孩子网络安全的教育和监管力度，确保孩子在安全、健康的环境中学习和使用信息技术。家长可以定期与孩子进行网络安全知识的交流和讨论，提醒他们注意保护个人隐私、防范网络诈骗等风险。

综上所述，家长在孩子的信息科技教育中扮演着不可或缺的角色。通过营造良好的家庭学习氛围、引导孩子正确使用信息技术、与孩子共同学习以及关注孩子的网络安全等措施，家长可以帮助孩子培养对信息科技的兴趣和热爱，提升他们的信息素养和创新能力，为他们在数字时代的发展奠定坚实的基础。同时，这些努力也将为推动中小学信息科技教育的创新和发展做出积极的贡献。

6.2.2 展望未来中小学信息科技教育的发展方向，表达对教育创新的美好期待

随着科技的飞速发展，中小学信息科技教育正站在一个崭新的起点上。展望未来，我们有理由相信，信息科技教育将在培养创新型人才、推动社会进步方面发挥更加重要的作用。以下是对中小学信息科技教育未来发展方向的展望，以及对教育创新的美好期待。

1. 技术驱动的个性化教育

技术驱动的个性化教育，正随着大数据、人工智能等尖端技术的日益成熟，逐步从理念走向实践，引领着信息科技教育的新潮流。在这种教育模式下，学生的学习数据成为关键的信息源，它们被精细地捕捉、整合和分析，以揭示每个个体的独特学习轨迹和潜在需求。

借助强大的数据分析工具，教育系统如今能够以前所未有的精确度，洞察每个学生的学习特点、偏好以及面临的挑战。这种深入的理解为教育工作者提供了宝贵的参考，使他们能够根据学生的具体情况，量身定制学习资源和教学路径。这不仅包括了学习内容的个性化定制，还涉及教学方法、学习节奏以及反馈机制等多个方面的差异化设计。

智能教学系统在这一变革中扮演了至关重要的角色。这些系统利用先进的算法，实时跟踪学生的学习进度，并通过收集和分析学生的反馈，智能地调整教学难度和教学节奏。这种动态调整的能力确保了教学内容始终与学生的实际水平相匹配，既不会过于简单而缺乏挑战，也不会过于复杂而造成挫败感。

在这样的学习环境中，每个学生都能找到最适合自己的学习节奏和方式，真正实现个性化的成长。技术驱动的个性化教育不仅提升了学习效率，更在深层次上激发了学生的学习兴趣和动力，为培养创新型人才奠定了坚实的基础。

2. 跨学科融合的创新实践

在未来的信息科技教育中，跨学科融合将成为一项重要的创新实践。这种融合不仅仅是在不同学科之间建立桥梁，更是通过深度的整合，使信息科技与数学、科学、艺术等学科形成有机的结合，共同作用于学生的全面发展。

通过与数学的结合，信息科技课程能够帮助学生更深入地理解数据结构和算法，提升他们的逻辑思维和问题解决能力。而与科学的交融，则使学生有机会利用信息技术手段去模拟、分析和解释科学现象，从而增强他们的实验设计和数据分析能力。当信息科技与艺术相遇时，学生可以利用数字工具和软件来创作独特的艺术作品，这样的过程不仅锻炼了他们的审美和创造力，还拓宽了艺术表达的边界。

这种跨学科融合的实践，将信息科技课程从单一的技术传授中解放出来，使其成为一个多元化、开放性的学习平台。在这个平台上，学生不仅能够掌握基本的信息技术知识，还能在解决实际问题的过程中，培养创新思维和实践能力。他们可以利用编程和机器人技术来解决科学实验中的难题，或者通过数字艺术手段来创作出别具一格的艺术作品。这样的学习方式，无疑将极大地激发学生的创造力和想象力，助力他们成长为具有全面素养的未来人才。

3. 社会参与的开放式学习

在未来的信息科技教育领域，开放式学习将成为一个显著的趋势，它预示着教育的边界将进一步被打破，形成学校、企业和社会各界共同参与、协同育人的新格局。这种教育模式强调的不仅仅是知识的传授，更重视能力的培养和潜力的挖掘。

学校将不再是唯一的教育场所，而是与企业、社区、非营利组织等形成紧密的合作关系，共同为学生打造一个多维度的学习环境。企业可以提供前沿的技术资源、真实的项目案例以及资深的行业导师，使学生在校期间就能接触到实际的工作环境，了解行业发展的最新动态，并通过实践操作来深化理论知识，提升解决问题的能力。

同时，社会机构如科技馆、博物馆、文化中心等，也将成为学生学习和展示的重要平台。这些机构不仅可以提供丰富的教育资源和文化活动，还能为学生创造一个与公众互动交流的机会，让他们在更广阔的舞台上锤炼沟通技巧、增强自信心，并激发他们对于信息科技领域的热情和追求。

在这种开放式学习的模式下，信息科技教育将变得更加生动、实用和具有挑战性。学生将有机会从多个角度和层面来理解和应用所学知识，形成全面而深入的专业素养。更重要的是，他们将在这种多元化的学习环境中，培养起开放的心态、创新的思维和协作的能力，为未来的职业发展和社会贡献奠定坚实的基础。

4. 全球视野下的教育合作

在全球化浪潮的推动下，未来的信息科技教育正日益凸显其国际视野和合作的重要性。随着世界各国经济、文化交流的日益频繁，培养具有国际视野和竞争力的人才已成为教育的迫切任务。因此，加强国际交流与合作，借鉴和吸收国际先进的教育理念和教育资源，对于提升我国信息科技教育的质量和水平具有深远的意义。

通过与国外优秀教育机构的紧密合作，我们可以及时了解和引进国际前沿的教育理念、教学方法和课程资源。这种对接和共享不仅有助于丰富我们的教学内容和手段，更能为学生提供更加多元、开放的学习环境，激发他们的学习兴趣和创新精神。

同时，开展国际间的学生交流项目也是培养全球视野人才的重要途径。通过让学生走出国门，亲身体验不同文化背景下的教育方式和学习方式，他们可以更直观地了解世界各地的风土人情、价值观念和社会制度。这种跨文化的学习经历不仅能够拓宽学生的视野，增强他们的跨文化交流能力，还能培养他们的全球意识和国际竞争力。

此外，全球视野下的教育合作还包括与国际同行共同研发教育项目、开展学术研究等深层次的合作。通过这些合作，我们可以共同探索信息科技教育的未来发展方向，推动教育的创新和进步，为全球信息科技领域培养更多优秀人才。

综上所述，全球视野下的教育合作是未来信息科技教育发展的重要趋势。通过加强国际交流与合作，我们可以为学生提供更加优质、国际化的教育服务，培养他们的全球意识和跨文化交流能力，为他们在全球化的世界中脱颖而出奠定坚实的基础。

5. 终身学习理念下的教育体系构建

在未来的信息科技教育中，终身学习理念的贯彻将成为核心要义。技术的持续革新和职业环境的快速演变，使得终身学习不再仅仅是一种选择，而是每个人为适应社会发展所必须掌握的关键能力。鉴于此，构建一个灵活且包容的教育体系显得尤为重要，这样的体系需能够响应不同年龄段、不同层次学习者的独特需求。

为实现这一目标，我们将致力于打造一个多元化、便捷性的学习网络。例如，通过开设丰富的在线课程和利用先进的学习平台，我们能够为学习者提供不受时空限制的学习资源，使他们能够根据自身节奏和兴趣进行自主学习。此外，建立学分银行和资格认证制度也是关键一环，这些制度不仅能为学习者的学习成果提供官方认可，还能进一步激励他们持续学习，实现自我提升。

展望未来，中小学信息科技教育的发展充满了无限可能与挑战。我们坚信，在技术革新、跨学科知识融合、社会各界广泛参与、全球教育资源共享以及终身学习理念深入人心的共同推动下，中小学信息科技教育必将迈向一个更加宽广、多元和充满活力的新阶段。

综上所述，中小学信息科技教育的未来发展方向将是多元化、个性化和开放式的综合体现。通过全面贯彻实施技术驱动、跨学科融合、社会广泛参与、全球教育合作以及终身学习的教育理念，我们将能够培育出更多具备批判性思维、创新精神和实践能力的新时代人才。让我们共同携手，以满腔热情和坚定信念，迎接中小学信息科技教育的灿烂未来！

参考文献

[1] 张晓梅，徐静. “互联网+教育”背景下乡村小学教师信息化教学能力培养研究[J]. 宁夏师范学院学报，2023，44（5）：50-54.

[2] 梁初妍. 提升小学教师信息化教学能力的策略分析[J]. 新教育时代电子杂志，2023（41）：49-51.

[3] 蔡丽琴. 农村小学数学教师信息化教学能力的现状分析及提升策略[J]. 亚太教育，2022（1）：52-54.

[4] 李娜. 信息技术 2.0 背景下中小学教师信息化教学能力提升策略[J]. 安徽教育科研，2023（27）：96-98.

[5] 陈鹏. 智慧教学背景下中小学教师信息化教学能力提升研究[J]. 科教文汇，2023（17）：173-175.

[6] 朱光睿. 山区初中数学教师信息化教学能力提升的策略[J]. 中学数学研究，2024（4）：5-7.

[7] 谢艳红. 小学数学教师信息化教学能力提升策略探究[J]. 教育信息化论坛，2022（6）：111-113.

[8] 李平华. 信息化环境下小学语文高效课堂的构建[J]. 教育信息化论坛，2022（6）：33-35.

[9] 廖婧. 能力提升工程 2.0 背景下中小学教师培训体系研究[J]. 广西广播电视大学学报，2023（1）：5-13.

[10] 邓朝英，莫晓原. 乡村教师信息技术应用能力提升途径研究 ——以桂林市临桂区四塘镇中心小学为例[J]. 桂林师范高等专科学校学报，2023，37（4）：85-89.